SUPER UE FELTRINELLI

SUPER UE

PAOLO RUMIZ
FRANCESCO ALTAN
TRE UOMINI IN BICICLETTA

Note tecniche di Emilio Rigatti

... che non ti vengano strane idee ...

D.

FELTRINELLI

Prima edizione nell'"Universale Economica" – SUPER UE
aprile 2002

ISBN 88-07-84013-8

Cartografia del Touring Club Italiano.
Autorizzazione del 12 febbraio 2002.

SLO
LJUBLJANA
Žužemberk
Trieste
Razdrto
ZAGABRIA
Ivanić Grad
Vukovar
Slavonski Brod
Novi Sad
Smederevo
BEOGRAD
HR
Čuprija
BG
Niš
Pirot
SOFIA
YU
I
Rilski Manastir
Plovdiv
Harmanli
Edirne
Velingrad
ISTANBUL
Corlu
TR

Tre bici

Tre bici, con tre storie legate da un filo rosso: in momenti diversi, tutte sono state di Emilio Rigatti, e tutte si sono fatte le ossa sulle Ande. La più antica è la Haro Extreme, una bici rigida color rosa confetto del 1990, usata da Paolo Rumiz. Fu comprata a Panamá, e arrivò in Italia attraverso la Colombia. Una bici che all'epoca era d'avanguardia e che funziona ancora come un orologio. Il cambio Shimano LX Dehore a sette velocità ha macinato Ande, Alpi e, adesso, Fruška Gora, Balcani e Tracia. Ha la vernice punteggiata da cicatrici, ognuna delle quali ricorda una caduta, un'imprudenza, una scivolata nel fango.

La Specialized biammortizzata di Altan, di un bel grigio militare – inquietante sui carri armati, piacevole su una due ruote – è del 1993, ed è praticamente nuova, avendo percorso in tutto circa 4000 chilometri. È equipaggiata con uno Shimano LX a otto velocità e componentistica di medio livello, comunque affidabile.

La bici di Emilio Rigatti è una splendida Turner Burner XC, biammortizzata, equipaggiata col gruppo XTR Shimano al completo. È uscita dalle mani di David Turner, che ne costruisce pochi esemplari all'anno con tecniche da gioielliere, nel lontano Colorado. Costa da vergognarsi, ma vale di più. Alluminio speciale, componentistica sofisticata, è la bici da cui Emilio Rigatti, geloso, non ha mai distolto lo sguardo durante tutto il viaggio. Benché di livello tecnico diverso, tutte e tre si sono comportate benissimo, e gli unici inconvenienti sono state due forature alla bici di Altan: a dimostrazione che il cuore e la voglia di viaggiare contano più del titanio e degli acciai speciali.

Una strada, un quaderno, una bici

"Dove vai?" chiede la moglie al ciclista. "Porto a spasso il bambino che è in me" risponde lui, con la mano già sull'affusto carico di bagagli. Altan ha colto dall'inizio, con una vignetta, il senso di questo viaggio Trieste-Istanbul. Non l'impresa, per carità. La Grande Diagonale del Bosforo è alla portata di chiunque sia sano di corpo e di mente. Il senso vero è stato l'immenso, infantile, primordiale divertimento. Un divertimento tale che chi scrive è riuscito persino a partire malato e ad arrivare sano, e con un chilo in più. È difficile che una cosa simile si ripeta. La storia di tre caratteri diversissimi, uniti dallo stesso filo rosso e dalla stessa idea dell'andare. Il viaggio lento come goduria liberatoria e totale.

Andando verso Costantinopoli, perdevamo felicemente zavorre, impacci, legami. Un giorno, col sole allo zenit, ci fu un momento simbolico. Fu durante la settima tappa, in mezzo alle campagne della Vojvodina, quando i miei compagni videro che portavo gli slip sotto le braghette con pelle di daino. Poiché la cosa è inconcepibile per i ciclisti veri, iniziò uno sfottimento duro, martellante. Continuò finché, dopo una quarantina di chilometri, non mi appartai in un campo di mais per liberarmi dell'oggetto clandestino. Gli slip volarono in aria, e un "clic" di Emilio li fissò all'apice della parabola come nella scena finale del film *Full Monty*.

Percorsa nel luglio del 2001, la Grande Diagonale è

stata pubblicata in differita su "la Repubblica" nell'agosto dello stesso anno, in un diario di diciotto puntate per diciotto tappe. Pare sia piaciuta, a giudicare dalle molte lettere e dalle telefonate giunte al mio giornale. Inedito era l'abbinamento di disegno e scrittura, speciale la scelta del percorso, in un territorio appena uscito dalla guerra e totalmente privo di turismo. Ma a piacere credo sia stato soprattutto il fatto che ci divertissimo. E di averlo saputo comunicare.

Nonostante la "differita", la stesura dei pezzi è avvenuta in diretta, su un comune quaderno di scuola. Non è stato semplice. Stando sul manubrio, le mani del ciclista non possono lavorar di taccuino. S'è dovuto così risolvere la cosa trasferendo le immagini e i pensieri prima su un piccolo registratore e solo poi, a tappa conclusa, su foglietti di bloc-notes. I quali, messi in ordine logico e cuciti insieme sul quaderno, hanno fornito lo schema del racconto. Il tutto veniva poi fissato quotidianamente su dischetto tramite telefonata in redazione. Un procedimento minuzioso che, credo, ha consentito al reportage di mantenere intatta la freschezza della diretta.

Il trasferimento delle impressioni su recorder toglieva ovviamente ogni privacy a quell'intima comunicazione e rendeva oltremodo comica la stesura del diario. Ogni tanto, attraverso il plotoncino passavano parole sussurrate, come "cicogna", "liquirizia", "letame". E quando l'apparecchio sparì in un fiume bulgaro, durante un pediluvio, la scena divenne ancora più ridicola. Chi scrive doveva gridare le sue impressioni a Emilio, possessore dell'unico registratore superstite. Parole-fucilate come "Bregovič!", nomi sillabati come "Shah-rāzād!", concetti gridati a metri di distanza come "un Iiislam reeeconditooo!". Emilio le ripeteva al microfonino, perfidamente identiche anche nel tono, annotando come un burocrate ora, luogo, chilometro. Surreale.

Per un pedalatore episodico come il sottoscritto, l'impegno supplementare di buttare giù un testo dopo ogni tappa è stato spesso una fatica maggiore del pedalare. Talvolta, scrivere era impensabile. C'erano vestiti da lavare, magliette fradice da appendere, persone da incontrare, questioni pratiche da risolvere. Ma anche rinviare la stesura era impossibile: le immagini non riversate su carta avrebbero inevitabilmente fatto ressa in testa, impedendomi di dormire. E comunque, senza essermi prima rimesso in pari col mio diario, non sarei stato capace di ripartire l'indomani.

Farlo, sarebbe stato come viaggiare col freno tirato, salire un monte con un sacco pieno di pietre. Così non ho avuto scelta. In due occasioni ho dovuto rinunciare alla tappa per smaltire accumuli di pezzi non scritti che, altrimenti, avrebbero perso in vigore, definizione e dettaglio d'immagine. In quei casi sono stati ovviamente i compagni – raggiunti la sera in taxi – a raccontarmi la loro storia, nella quale mi identificavo totalmente. Ma non basta.

Pur avendolo ideato, ho acchiappato questo viaggio per la coda. A causa di un'influenza, ho potuto raggiungere Francesco ed Emilio solo dopo cinquecento chilometri, in mezzo alla Croazia, al termine di un tragitto che peraltro conoscevo a memoria, avendolo affrontato in bici in altre occasioni e percorso in macchina un'infinità di volte. Il racconto a puntate ci comprende peraltro tutti e tre fin dall'inizio. Spiegare l'inconveniente in una storia a puntate sarebbe stato troppo complicato, inutile e soprattutto incompatibile col gioco delle vignette a tre. E poi c'era il titolo della storia: appunto *Tre uomini in bici*, a far rima con i classici *Tre uomini in barca*.

La mia bici è un mezzo di trasporto, non un oggetto di culto. Tutti mi dicono che è un catorcio, i rivenditori la guardano con sufficienza. "La butti via" ghigna ogni volta nella sua bottega triestina il vecchio Giordano Cottur – secondo dopo Coppi al Giro – per rifilarmene astutamente una fiammante. I ciclomani in lega leggera mi affiancano in corsa e mi spiegano amorevolmente: cambiala, vedrai, è un'altra cosa. Qualcuno mi riserva un irritante compatimento tecnologico.

Niente da fare: più insistono e peggio è. Trovo mille scuse. Non posso rottamare un pezzo di me stesso. E poi voglio troppo bene a questo vecchio guerrigliero anarchico, carico di rum e di storie da raccontare. Così me lo tengo. Lo faccio apposta. Figurarsi ora, dopo questo incredibile viaggio ai confini dell'Asia.

Dimenticavo: non sono affatto un ciclista, sono solo un viaggiatore. Uso i pedali per marcare il territorio, come un bracco durante la caccia. E questa bici mi somiglia. Ha un'idea assai poco italiana e molto nordica dell'andare. Quando incrocia un drappello in fuga nervosa con tutine da Bolšoi, non ha niente da dire. Ma appena vede un altro bracco con sacche in equilibrio sull'affusto e una lunga strada a proravia, lei ha uno scatto irresistibile di curiosità, allunga e va lì ad annusarlo, a vedere da dove viene, che lingua parla, che percorso sceglie, che carte usa. E fa con lui un pezzo di strada, verso la Slovenia, l'Istria, il Friuli. O sopra quel grande ponte tra mondi che è il Carso.

Non posso parlarvi della bici, ma solo della mia bici. La quale è, prima di tutto, un passaporto. Esattamente come il cane quando lo si porta a passeggio: serve a incontrare gente affine. Gente che non si rassegna a trip organizzati o a fare da guardona in safari di cellophane. Qualche tempo prima della nostra partenza erano passati per Trieste otto splendidi "vecchietti" veneti diretti a Pechino, dodicimila chilometri attraverso i Balcani, l'Anatolia, l'Asia Centrale e il Tian Shan. Non so quale demone interiore li spingesse, in questo mondo costruito per gli utenti di pendolini e duty free. So solo che quando li ho visti passare ho sentito il richiamo del branco, l'inconfondibile fruscio del gruppo in fuga, e ho tagliato la frontiera con loro. Poi, a sera, riuniti in una locanda straniera, ci siamo concessi la delizia di una birra con gli gnocchi di pane.

Ciascuno ha le sue spiegazioni per la malattia insana dell'andar su ruote, perché infinite sono le esperienze alternative che la bici riesce a sintetizzare. C'è il viaggio come leggerezza, come nomadismo esistenziale ed eliminazione del superfluo, raccontato per esempio da Marco Aime nell'attraversamento del Sahel. Ci sono la lentezza e la memoria, descritte da Giulio Mozzi, scrittore padovano che ha percorso l'Italia a piedi. Ci sono la fuga e la solitudine negli elementi, come ha saputo dire quel lupo solitario che è lo skipper Paolo Rizzi dopo un naufragio in mezzo all'Atlantico. O il viaggio come introspezione, il pellegrinaggio talvolta penitenziale di Werner Herzog e Peter Handke.

Il mio vecchio torpedone mi dà tutto questo e altro ancora. Il viaggio come moviola di immagini mi porta a Roger Depardon, reporter francese. O a Patrizio Esposito, originalissimo fotografo e raccontatore napoletano. E c'è il viaggio all'antica, come sa fare regalmente Detalmo Pirzio Bìroli, friulano discendente di Savorgnan di Brazzà, che sulla soglia dei novanta andava ancora in Africa per mesi. E l'andare come vagabondaggio, alla Chatwin, che teorizza l'utilità di sbagliar strada, di non avere una mappa e nemmeno una meta; come Franco Perlotto, alpinista esploratore. O il viaggio come narrazione, andatura che diventa ritmo del racconto e quindi scrittura, alla maniera di Claudio Magris in *Danubio*. E ancora, l'itinerario come ricerca, atto mistico, sballo, terapia.

Il momento più grande è lo scollinamento, il luogo dove la luce cambia e vedi quello che c'è oltre. Nelle Alpi ne trovi di dimensioni epiche, con le marmotte stravaccate al sole e l'immenso silenzio di quota. Invece sulla Trieste-Istanbul – se non devii come noi sui monti bulgari del Rila – non incontri niente di simile. I dislivelli sono impercettibili. Ma qui sta il bello. Quelle piccole salite bastano perché il mondo cambi. Come sopra Trieste, dove in quindici chilometri passi dal Mediterraneo alle brume danubiane. O sui Balcani, dove comincia la lunga discesa verso il Mar Nero.

Ultima avvertenza, prima di dirvi buon viaggio e buona lettura. I territori attraversati non sono la fine del mondo ma Europa profonda. Ovunque, la gente è "friendly" e ha simpatia per gli italiani. Per rifare questo viaggio non serve la scorta di un'auto. Noi eravamo perfettamente soli, e tutte le nostre cose viaggiavano nelle sacche in equilibrio sull'affusto. Emilio, il più tecnologico, aveva un bagaglio di soli sei chili. Questo ha dato una spinta determinante all'effetto liberatorio del viaggio. Nemmeno la tenda serve: ovunque, oltre Trieste, si trovano locande e alberghi per dormire confortevolmente.

Oggi, in questo mondo sovraffollato, non credo ci resti, per viaggiare davvero, altra direzione che l'Aurora. Non so perché ci ostiniamo a chiamarla Est. È un doppio inganno. Quel monosillabo assembla cose diversissime e incompatibili: il Centro Europa, i Balcani, l'impero russo, l'arcipelago dei mondi musulmani dalla Turchia in poi. E poi quella parola secca è un marchio, un timbro extracomunitario che respinge, notifica i nostri vuoti mentali e i nostri pregiudizi. È una sbarra che chiude la strada, non una porta che si apre su altri mondi. Per questo, preferisco chiamarla Oriente.

ALTAN.

PRIMA TAPPA: TRIESTE – RAZDRTO

Lunghezza: 42 km
Tempo effettivo di pedalata: 2 h e 27'
Media: 17.4 km/h
Partenza: 15.30
Arrivo: 18.05

La tappa da Trieste a Žužemberk è breve, ma dall'attacco in città fino ai 605 m/slm di Senožeče, in Slovenia, dove si scollina, ci sono ben 35 km di salita, con una pendenza di circa il 3-4%. Vale la pena, dunque, di partire con calma, preferendo i rapporti leggeri e un ritmo lento di pedalata. L'euforia della partenza è una delle cause possibili di incidenti dovuti alla distrazione. Il traffico è intenso fino a Villa Opicina, mentre dal valico di Fernetti-Sežana diminuisce di molto, dato che la maggioranza del turismo si dirige verso la Dalmazia, attraversando il confine a Pese. Dopo il confine si prosegue dritti, continuando l'eterna salita, per una strada larga e con traffico moderato. Una volta giunti al colle, poco dopo Senožeče (che rimane sulla destra della principale) una discesa di pochi minuti permette di raggiungere Razdrto.

Razdrto
TRIESTE
Bovec
Soča
TRIGLAVSKI NARODNI PARK
Stara Fužina
Bohinjska Bistrica
Radovljica
Kranj
Škofja Loka
Medvode
LJUBLJANA
Kobarid
Tolmin
Cerkno
Idrija
Vrhnika
Borovnica
UDINE
Cividale d. Friúli
GORIZIA
Nova Gorica
Solkan
Palmanova
Gradisca d'Isonzo
Cormòns
Miren
Dornberk
Branik
Vipava
Štanjel
Komen
Dutovlje
Sežana
Divača
Senožeče
Postojna
Planina
Cerknica
Pivka
Ilirska Bistrica
Cervignano d. Friúli
Aquiléia
Monfalcone
Duino
Sistiana
Aurisina
Lignano Sabbiadoro
Grado
MIRAMARE
Opicina
Basovizza
Lipica
Kozina
Múggia
Koper / Capodístria
Izola / Ísola d'Istria
Piran / Pirano
Portorož / Portorose
Savudrija
Umag
Buje
Buzet
Opatija
RIJEKA
Matulji
Rupa
Jelšane
Novigrad
Motovun
Poreč
Pazin
Višnjan
Žminj
Rovinj
Labin
Rabac
Vodnjan
Golfo di Trieste

"Dove andate?"
"A Istanbul."
Confine di Trieste, ore 16.00, vento di nordest. Il poliziotto sloveno confronta i ciclisti sbucati dal nulla con le foto segnaletiche sui loro passaporti. Altan Francesco, 58, vignettista. Rigatti Emilio, 47, professore. Rumiz Paolo, 53, giornalista. I tre matti in mutande aspettano davanti all'autorità costituita, si godono l'effetto della loro risposta demenziale. Sanno che l'uomo in divisa deve calcolare in fretta molte distanze anomale. Primo, tra la lentezza delle bici e la lunghezza della strada, duemila chilometri. Secondo, fra la rispettabile maturità dei viaggiatori e le loro sacche da globe-trotter. Terzo, tra la nobiltà della meta finale e la miseria che c'è in mezzo, i Balcani. Ma soprattutto l'uomo deve inghiottire il dislivello fra la propria domanda di routine e quella risposta fuori ordinanza, scodellata con perfido understatement. "Istanbul" come dire Treviso, Udine, Lubiana.

"Siamo curdi che tornano a casa." Emilio rompe il silenzio, dimentica che le stellette hanno poco senso dello humour. Ma gli va bene, il *witz* buca la divisa, il poliziotto sorride e si decolla leggeri verso le foreste della Slovenia, imboccando all'incontrario il corridoio dei clandestini, dal confine più colabrodo d'Europa alla stazione centrale dell'emigrazione asiatica. Ci andiamo apposta, alla faccia del nostro onorevole ministro dell'Immigrazione. Addio Occidente, ristorantini, strade lisce, mousse au chocolat. Si va a Oriente, da dove la gente scappa. Alla faccia di Bossi e del piscio di porco, di Berlusconi e dei manganelli genovesi, noi cerchiamo la feccia d'Europa. Bulgari, zingari, serbi, popoli delle polverose latitudini extracomunitarie. E ci chiediamo se usare così la nostra bici non sia un atto anarchico, antiglobale. Dunque di sinistra.

Lilliput Slovenia, ultimo orticello, ultimo paese dei campanelli prima che comincino i segni dell'insicurezza. Ma è proprio la strada a dirci che anche qui la guerra è passata l'altroieri. L'asfalto vibra, porta stampato il segno dei cingoli federali, quando i panzer tentarono di riprendersi i confini dopo la secessione. Tutto torna come in un film, la bici diventa moviola, illumina i fotogrammi di quei giorni in cui la Iugoslavia cominciò a crollare. La sparatoria davanti ai giornalisti, le sirene che annunciano attacchi aerei inesistenti, la resa delle caserme, le armi nuovissime degli sloveni, le lacrime di un ufficiale che si sente crollare il mondo attorno.

L'osteria con le corna di cervo, la chiesa sul cocuzzolo, la salita sotto il Monte Nanos, isolato a oriente delle Alpi. Conosco la strada meglio dei compagni, l'ho già fatta in bici; da qui a Zagabria so cosa c'è dietro ogni curva. Ma oggi tutto è nuovo: la locanda è un caravanserraglio, l'albergo un hammam. È il viaggio che comincia, e il viaggio vero non è un film per adulti. È roba per bambini che sognano, giocano con le spade di latta. Passare davanti agli stessi luoghi sapendo che vai a Istanbul con le tue gambe è un'altra cosa. Il mio panettiere non immagina di essere sulla strada del Bosforo. Io sì. Da oggi so che con la sua bottega finisce il Mediterraneo e comincia una straordinaria sequenza di altrove. Mitteleuropa, i Balcani, il Danubio, l'Islam, Bisanzio.

Trieste, capolinea perfetto. Riassume sempre i mondi che verranno. Trieste italiana a modo suo, con gli slavi che arrivano sul mare, le chiese ortodosse, i caffè viennesi, la borghesia ebraica venuta da oriente, le teste di turco scolpite sopra i portoni. Trieste città corsara, dove vai a bere allegramente anche dopo un funerale, e dove per farti benedire davvero entri di nascosto alla chiesa dei Greghi. Trieste città di transito, teatro etnico all'aperto. Come la sera prima della partenza, nel giardino davanti alla stazione. Quattro zingari che suonano per la pura gioia di suonare. Rom slovacchi, serbi, macedoni, con le loro donne che ballano, fanno già *Underground*, Kusturica. Ti dicono che qui l'avventura comincia sulla porta di casa.

Prima discesa verso il mondo danubiano, i colori pastello, le brume al crepuscolo, l'odore del luppolo. Un agriturismo diventa il capolinea di questa prima tappa breve. Abbiamo pedalato solo quaranta chilometri dall'Italia, ma qui tutto è già Mitteleuropa, anche la stalla. Le mucche ascoltano Mozart ventiquattr'ore su ventiquattro, pare che così facciano più latte. Nel prato si festeggia un matrimonio semplice, una fisarmonica, gli invitati a semicerchio. Un vecchio ci racconta che fece la naja sotto Mussolini e poi passò ai partigiani, sulle montagne. Tramonto rosso, grande silenzio rotto in lontananza dal flusso dell'autostrada per Lubiana, e noi lì, in compagnia di una caraffa di vino, un "terrano" un po' acidulo. Seduti su una panca, come i pensionati di Altan.

DOVE VAI?
A PORTARE A SPASSO IL BAMBINO CHE É IN ME.
ALTAN.

SECONDA TAPPA: RAZDRTO – ŽUŽEMBERK

Lunghezza: 132 km
Tempo effettivo di pedalata: 6 h e 30'
Media: 21.4 km/h
Partenza: 9.10
Arrivo: 16.45

Si prende la direzione di Postojna, proseguendo per il fondovalle. Una breve salita fino a Unec, e da qui si continua fino a Logatec, con saliscendi continui. Avanti fino a Borovnica, passando per Vrhnika, e da qui si continua per Škofljica, attraversando Ig. Da Grosuplje alcune strade secondarie ci accompagnano nella bellissima valle del fiume Krka, che fiancheggiamo fino a raggiungere Žužemberk, cittadina dominata dalle rovine di un castello medievale.

Razdrto
Žužemberk
SLO
LJUBLJANA
RIJEKA
Jesenice
Bled
Radovljica
Kranj
Škofja Loka
Medvode
Tržič
Ferlach
Eisenkappel
Zgornje Jezersko
Kamnik
Domžale
Menges
Cerklje
Vodice
Trzin
Črnuče
Velenje
Šoštanj
Polzela
Žalec
Trbovlje
Hrastnik
Zagorje ob Savi
Litija
Šmartno
Radeče
Idrija
Cerkno
Žiri
Godovič
Vrhnika
Borovnica
Logatec
Črni Vrh
Vipava
Podkraj
Hrušica
Kalce
Planina
Postojna
Postojnska jama
Planinska jama
Rakek
Cerknica
Senožeče
Divača
Škocjanske jame
Kozina
Pivka
Prestranek
Ilirska Bistrica
Knežak
Grosuplje
Škofljica
Ig
Podpeč
Višnja Gora
Stična
Trebnje
Mirna
Novo mesto
Dolenjske Toplice
Soteska
Straža
Muljava
Krka
Fužina
Zdenska vas
Kompolje
Suha krajina
Turjak
Rašica
Velike Lašče
Ortnek
Žlebič
Ribnica
Sodražica
Nova vas
Bloška Polica
Lož
Loški Potok
Kočevje
Kočevska Reka
Osilnica
Čabar
Gerovo
Trsće
Nac. Park Risnjak
Delnice
Brod Moravice
Ravna Gora
Vrbovsko
Fužine
Lič
Mrkopalj
Kraljevica
Bakar
Omišalj
Crikvenica
Selce
Novi Vinodolski
Malinska
Njivice
Dobrinj
Šilo
Vrbnik
Krk
Kras
Porozina
Beli
Brestova
Brseč
Mošćenička Draga
Medveja
Lovran
Opatija
Matulji
Mučići
Marinići
Klana
Rupa
Jelšane
Podgrad
Obrov
Materija
Buzet
Roč
Istarske Toplice
Sv. Stepan
Boljun
Pazin
Gračišće
Pićan
Žminj
Labin
Rabac
Kanfanar
Svetvinčenat
Učka
Riječki zaljev
Bakarski
Kamniško - Savinjske Alpe
Karawanken
Grintavec
Krvavec
Snežnik
Kum
Mrzlica
Velika Kapela
Kapela
Bjela kosa
Viševica
A1
A10
E70
E61
E57
E65
E751

Brume slovene, caffellatte, pigrizia. Solo il secondo giorno tagli i ponti per davvero, realizzi che la sera non si torna a casa, che sei in ballo, che tra una gita e un viaggio c'è una distanza planetaria. Altan ed Emilio sono colti da vaga inquietudine, indugiano nell'inventario del bagaglio, traslocano magliette, ciabatte, medicine da una sacca all'altra. Quel trasferimento è già segno di una mutazione. Le esigenze diminuiscono. Si diventa nomadi, e al nomade bastano un cambio di biancheria, una mappa, un libro da capezzale, il passaporto. E poi è una questione di età. Invecchiando, gli stanziali accumulano. Gli irrequieti, invece, buttano via le zavorre. Come se la vita fosse una mongolfiera.

Si plana verso la conca lubianese, poi si ricomincia a salire, il viaggio assume la direzione maestra, est-sud-est, verso la magnifica valle del fiume Krka. Vigne, castelli, abeti; la strada s'intreccia con l'acqua che va. Nei viaggi a est hai sempre l'ombra a sinistra. Al mattino sta dietro, ti segue a fatica. A mezzogiorno ti si affianca, rimpicciolisce e ti schiaccia. La sera si sveglia, ti precede, tira la volata verso la birra finale. La più bella è l'ombra delle cinque. Proporzionata, netta sulle rugosità dell'asfalto. Puoi guardare te stesso, correggere l'andatura.

Covoni, prati rasati, cascate, traffico zero. I Balcani paiono follemente lontani, figurarsi l'Islam. Ce la farò? Non ho gambe, sono un pedalatore occasionale. Ma ho un vantaggio, anzi due. Ho già viaggiato in bicicletta per più giorni, i miei compagni no. Nel '98 sono andato fino a Vienna con mio figlio; una straordinaria iniziazione. Poi conosco i Balcani per via della guerra, ho già visto Istanbul, mi sento a casa anche in Bulgaria. So che partire non è affatto "un po' morire": è solo un'operazione libertaria. Basterà? Non so. Facile, troppo facile dire "Istanbul", se tra una birra e l'altra non hai mai messo più di trenta chilometri.

Is-tan-bul, ti capita di pensare un giorno, suona così bene: c'è già il ritmo della cronometro. La butti lì, una sera agli amici, e ti pensi protetto dalla palese infattibilità del tutto. Poi scopri che la boutade ha sortito effetto, che qualcuno non ci ha dormito su, e quel qualcuno ovviamente pedala davvero. Bene: metti che un giorno costui ti dica "partiamo". Puoi tirarti indietro? È come se passassero gli amici sotto la finestra a gridarti: dai, vieni a divertirti con noi! Che fai, se in casa non c'è nessuno a dirti "no, resta qui a fare i compiti"? Devi partire. Hai voluto la bicicletta e ora pedali.

È proprio quanto accade a chi scrive. L'idea del viaggio è sua, accidenti. Ora, chi scrive si ritrova – non sa neanche lui come – a filare verso l'Asia in compagnia di due ciclisti tosti, animali da dodicimila chilometri l'anno. Una follia. Ma sa che ancor più folle sarebbe stato vederli andar via nel vento, e poi restare solo sotto la pensilina. Niente lo avrebbe consolato. Nemmeno il ragionamento di Baudelaire, quello che suona più o meno: "Perché realizzare un progetto quando il piacere del progetto è già sufficiente?". No, niente alibi per reclusi.

Discesa lieve, regolare, la strada è un film che si srotola, intercetta voci, fotogrammi, silenzi, li allinea e li cataloga indelebilmente. I pensieri che nascono in bici hanno una musicalità speciale. Da fermo guardi la luna che sorge e dici: "Andiamo verso la Luna, a oriente". Andando, l'immagine si fa più evocativa. Diventa: "Ti avremo, Luna d'oriente". E il pianeta lo vedi salire davvero dal bosco, con la sua luminescenza color pergamena. A quel punto si innesca un circuito. La frase sprigiona euforia, l'euforia fa andatura, e l'andatura macina endorfine benefiche. Che a loro volta creano immagini.

Da anni, Checco Altan da Aquileia corre in bici ogni giorno con velocità media, regolare, continua. Parla poco, è un ruminante del pedale. Ma le idee per i suoi disegni gli vengono a bordo di questo fantastico miscelatore di pensieri che è la doppia ruota che va. Ed è vero: la bici è ritmica, veloce quanto basta, non annoia mai. È uno shaker che assembla memorie, immagini, profumi, frasi dette e in gestazione. Abbinata ad altri caratteri, mette in corpo parlantine bestiali. Come accade all'altro compare, Emilio, detto Gringo, altro animale del Nordest, un entusiasta contagioso che ha percorso mezze Ande in "mountain" e il mondo se lo tracannerebbe in un sorso solo.

Querce, faggi secolari, cicale, voglia di birra. Stabiliamo il campo sul fiume, in una locanda accanto a una rapida. Domani la Slovenia è già finita, bastano due giorni a traversarla tutta.

CHI SIETE? DA DOVE VENITE? DOVE ANDATE?
COS'È: GLI INTERROGATIVI FILOSOFICI?
NON FARE GLI SPIRITOSI. LO SAPETE CHE TIPETTI SIAMO, NOI.
A: SIAMO ITALIANI
B: VENIAMO DA TRIESTE
C: ANDIAMO A ISTAMBUL
E VOI?
CARINA HR
NOI SIAMO NOI. E, PER IL MOMENTO, NON ANDIAMO DA NESSUNA PARTE.
DOGANA CROATA h. 13.31
IN CERCA DI SCOOP
POI SI VEDRÀ

COMUNQUE C'È UNA VASTA LETTERATURA SULL'ARGOMENTO. ADESSO FILATE: ISTAMBUL È DI LÀ.
GRAZIE MILLE.
LI HAI MANDATI DALLA PARTE GIUSTA. SEI UBRIACO?
LORO CREDONO CHE LI FREGHIAMO COSÌ VANNO DALLA PARTE SBAGLIATA! HA-HA!
HRV
COSÌ IMPARANO. SCHERZETTO CROATO GLI RESTA NELLA MEMORIA, AI FURBI ITALIANI!
NON È VERO
DOLCE RICORDO

TERZA TAPPA: ŽUŽEMBERK – IVANIĆ GRAD

Lunghezza: 180 km
Tempo effettivo di pedalata: 8 h e 32'
Media: 21.4 km/h
Partenza: 9.10
Arrivo: 19.25

Da Žužemberk si prosegue accompagnando il fiume, sulla riva sinistra, fino a Novo mesto. Si raccomanda un'attenzione particolare nel tratto di strada che esce da questa città: vi s'imbottiglia il traffico per Zagabria, anche quello pesante. Si tratta di soli 5 km, ma la strada è stretta e i camion non hanno molto spazio per manovrare. Poi, finalmente, girando a destra per Otočec si torna a pedalare senza rischi, e si segue il fiume fino al ponte dove ci sono le indicazioni per Šentjernej. Da lì si raggiunge il bel paese di Kostanjevica, che è un'isola fluviale. Vi consigliamo, in generale, di scegliere le strade che più si avvicinano al fiume, per ovvi motivi paesaggistici. Giunti in Croazia, se si vuole evitare Zagabria, bisogna turarsi il naso e prendere l'autostrada (è permesso!) fino a Velika Gorica, dove si esce. Quindi si svolta a sinistra verso Velico Cice, borgo non indicato sulla carta, e si prosegue sino agli argini della Sava. Si seguiranno finché s'incontrerà la chiatta, che traghetta auto e bici dall'altra parte del fiume. Da qui, si prosegue fino a Ivanić Grad, ormai a pochi chilometri.

Žužemberk
Ivanić Grad
Novo mesto
ZAGREB
HR
Karlovac
Samobor
Zaprešić
Brežice
Krško
Velika Gorica
Sisak
Petrinja
Metlika
Črnomelj
Kočevje
Ribnica
Trebnje
Trbovlje
Litija
Sevnica
Kostanjevica
Botinec
Stupnik
Sesvete
Dugo Selo
Vrbovec
Križevci
Zabok
Oroslavje
Jastrebarsko
Ozalj
Duga Resa
Delnice
Vrbovsko
Glina
Sunja
Kostajnica
Čazma
Popovac
Medvednica
Gorjanci
Vukomeričke gorice
Suha krajina
SAMOSTAN PLETERJE

La bici buca la nebbia attorno ai ruderi del castello di Žužemberk, distrutto dai tedeschi nella Seconda guerra mondiale, poi fila corsara tra querce, faggi, acacie. La Valle della Krka si allarga, si illumina e si oscura col passare delle nubi, già corre verso la Croazia e le prime cicogne in una strana giornata di temporali erranti. Le tre formiche cominciano a prendere le misure del loro viaggio rasoterra. Sopra di loro, a novemila metri, il comandante Müller spiega ai passeggeri del volo Lufthansa Monaco-Belgrado che il tempo è perturbato ed è meglio non slacciare le cinture. Venti chilometri più a nord, lungo la Sava, il bigliettaio signor Kovac si assopisce sul treno Lubiana-Zagabria.

Deviazione verso Šentjernej, dentro un microcosmo dolce, lungo villaggi protetti da un'armonia segreta che l'Italia ha liquidato da decenni: quella tra selva e campagna. Nubi come torri, il confine croato è a un passo e Zagabria solo quindici chilometri oltre. Hai la sensazione che lì finisca il giardino di casa e cominci uno spazio ignoto. Durante la guerra era quella l'ultima linea prima del disordine. Sul castello di Mokrice, una fortezza medievale a pochi passi dalla frontiera, i turisti cenavano all'aperto con vista sui bombardamenti in Croazia. Sangue e strudel di mele.

Le guardie croate guardano Altan, la sua barbetta grigia, e non sanno bene cosa chiedergli. Un poliziotto deve pur chiedere qualcosa ai viaggiatori fuori ordinanza. Di solito è un secco "Cosa dichiara?", ma col ciclista è una domanda stupida, l'uomo sul sellino porta al massimo le sue chiappe. La bici non è mai sospetta, è un fenomenale passe-partout. Vestito da ciclista, nemmeno un corriere di droga correrebbe rischi. Che fare, allora, di fronte a quel mezzo francescano, trasparente, umile fino all'imbarazzo? Ogni ostentazione di potere diventa sproporzionata, dunque comica. Allora anche il burocrate con le stellette deve rassegnarsi alla più antica e diretta delle domande: dove vai?

La strada per Zagabria è a blocchi di cemento. Spacca i polsi. Tun, tun, tun, tun. In più, i camion fanno il pelo senza riguardi, il rispetto mitteleuropeo per i ciclisti cessa di colpo. Altan impreca, poi ha un lampo di genio: fare l'autostrada. Chiede agli automobilisti, e questi gli dicono che si può: la circonvallazione è aperta alle due ruote. L'incontro con l'alta velocità è uno choc, dopo la quiete slovena, ma non c'è alternativa. Le bici doppiano la capitale alla disperata, in un'ora di compressione massima tra manubrio e sellino. Poi è la liberazione, la fuga tangenziale verso i villaggi.

Il trenino perde velocità, vive quasi di inerzia dopo la grande fuga, si perde tra gli argini della Sava che fu spina dorsale della Iugoslavia e oggi segna un'altra frontiera del disordine, con la Bosnia. Ombre lunghe, cicogne, solitudine. Per un centinaio di metri una coppia di cardellini fa da apripista al gruppetto. La Sava, qui, è ancora il Po di Ligabue, una magia verde popolata di mostri immaginari, un García Márquez danubiano. Una donna sulle rive, zigomi forti e gonna blu, sembra uscita da un quadro di Vermeer.

Vrbovo, si traghetta con una chiatta senza motore, di quelle che si mettono di traverso e sfruttano la corrente. Vento tra i pioppi, rane, un grande silenzio. Altan è incantato, sente che in questo altrove c'è qualcosa di familiare. “Mia madre abitava sul Piave ed era lo stesso mondo. Lucciole sugli argini, oche nella corrente.” Poi attaccano i grilli. Nella lingua locale si dice *zrikavci*, hanno dentro una di quelle radici slave così primordiali, magiche, trasparenti. *Zr*, come aria, vento, vibrazione.

In un alberghetto di Ivanić Grad i viaggiatori scoprono al primo specchio che cosa sono diventati. Abbronzatura metalmeccanica, ginocchia e gomiti ustionati, maglietta disegnata addosso in negativo, naso viola e, in mezzo a questa devastazione, due occhi folli. Si ride di cuore, la birra è buona, la Sava scivola nel buio e una Luna arancione, quasi piena, sorge da oriente. In pochi posti d'Europa si respira una simile maestà di pianura.

Lampi lontani, verso l'Ungheria, oltre le foreste della Slavonia. L'andare nomadico ormai macina immagini, popola i nostri sogni, riempie il buio di fantasie. Altan: “La bici è una droga, un esaltatore di sapidità. Con lei sono sempre contento, come un bambino. Quando vado e quando mi fermo”. Ti avremo, Luna del Bosforo.

OSSERVO TUTTO CON CURIOSITÀ INFANTILE.
CI SIAMO DIMENTICATI I PANNOLONI PER IL BAMBINO CHE È IN NOI.
ALTAN.

QUARTA TAPPA: IVANIĆ GRAD – SLAVONSKI BROD

Lunghezza: 175 km
Tempo effettivo di pedalata: 8 h e 11'
Media: 21.02 km/h
Partenza: 9.00
Arrivo: 19.45

La tappa, impegnativa per la distanza, non è comunque problematica dal punto di vista tecnico. Da Ivanić Grad si prosegue per Kutina, Novska e Nova Gradiška senza problemi di orientamento. Il traffico è moderato; i dislivelli, dovuti alla topografia ondulata, sono di poche decine di metri e consentono l'uso di rapporti medio-lunghi. Il fondo stradale, costituito in parte da lastroni di cemento successivamente asfaltati, è piuttosto fastidioso, specialmente per coloro che non hanno una bicicletta front-suspended.

Ivanić Grad
Slavonski Brod
Čazma
Sisak
Kutina
Popovača
Moslavačka gora
Garešnica
Daruvar
Pakrac
Lipik
Novska
Lipovljani
Banova Jaruga
Nova Gradiška
Požega
Pleternica
Slatina
Orahovica
Našice
Đurđenovac
Donji Miholjac
Valpovo
Grubišno Polje
Veliki Zdenci
Kostajnica
Bosanska Kostajnica
Bosanska Dubica
Dubica
Bosanska Gradiška
Prijedor
Nacionalni Park
Kozara
Sunja
Jasenovac
Okučani
Derventa
Bosanski Brod
Slavonski Kobaš
Srbac
Podnovlje
Odžak
Voćin
Sava
Lonja
Česma
Ilova
Pakra
Orljava
E661
E70
A1

La Croazia ha una forma demenziale. È come due dita aperte a V, solo che tra quelle due dita non c'è nessuna mano. Stanno incollate a malapena, all'altezza di Zagabria, grazie a un corridoio largo sì e no cinquanta chilometri. Un dito è la Dalmazia, l'altro è quello dove corrono le nostre bici. Si chiama Slavonia, ed è un interminabile frutteto sospeso sulle colline fra Drava e Sava, i fiumi gemelli che vanno paralleli verso il Danubio. Ai bordi della Slavonia, la Croazia stessa è un infinito paese rettilineo. Segue fedelmente l'orlo delle colline. Incollati allo stradone, corrono trecento chilometri ininterrotti di case rurali già pannoniche, cantine da vino scavate nel pendio, oche, tigli, fossati, panchine, vecchie in nero, chioschi di frutta e pomodori.

Saliscendi, colline come onde lunghe dopo una sciroccata. Nei loro giardini i croati ripuliscono, potano, spazzano, lustrano. Eseguono un rito collettivo di ordine che è abitudine antica ma anche esorcismo, scongiuro contro il Grande Disordine che starebbe in agguato tra i monti di Bosnia e nelle campagne serbe. Si fila col sole alto, mentre la strada decolla verso un piccolo cimitero: qui i morti dell'ultima guerra sono talmente tanti che hanno dovuto sdoppiarlo, aprirne una succursale sull'altro lato della strada. Due vecchie con sottane enormi e un falcetto alla cintura bagnano i fiori e tengono a bada la sterpaglia. Una canta sommessamente. Sei in Croazia, ma potresti essere in Ucraina.

Case sventrate attorno a Nova Gradiška, si traversa l'ex Krajina, occupata dai serbi nel '91, e sgomberata nel '95 con il primo blitz dell'operazione "Tempesta". Tutto è tremendamente recente, surreale tra i papaveri, la guerra sembra un'onda che si è ritirata solo temporaneamente. Sulla riva della Sava, al confine con la Bosnia, c'è Jasenovac, il campo di sterminio dei nazisti croati. Lo vedi da lontano, per quel suo grande fiore di cemento che esce dall'erba alta come un urlo pietrificato. Ma l'utero della Pannonia già inghiotte tutto, il grano e i pioppi sommergono quelle memorie nere alla velocità della luce.

Roveri immensi, susini, albicocchi. C'è qualcosa di ancestrale che spinge verso queste faglie sismiche del continente i viaggiatori lenti del Nordest. In aprile sono passati di qui gli otto ciclisti diretti a Pechino, li abbiamo seguiti su Internet, persino accompagnati nel primo tratto. Poi sono passati i veneti sulla rotta della Paflagonia, la loro mitica terra d'origine in Anatolia, sul lato del Mar Nero. Ora noi. Forse, è la voglia di sapere da dove veniamo, la percezione istintiva che i popoli vengono sempre dalle terre dell'alba, dalle steppe.

Petrovo Selo, Stupnik, la Valle della Sava fila verso il Grande Oriente. Quando apprendono che andiamo in Serbia, i passanti ci guardano come fossimo imbecilli. Talvolta ci indicano la strada sbagliata, poi ci ridono dietro. Dai giorni della guerra la direzione "Belgrado" è stata cancellata da tutta la segnaletica. Come se il resto del mondo non ci fosse. La Iugoslavia è un non luogo, una cosa innominabile, una rimozione dell'anima. Così a ogni bivio bisogna consultare le mappe. Qui primeggia Altan, il von Clausewitz di questa Campagna dell'Est. Ha l'intuizione di un'oca selvatica e un chiodo fisso: a destra mai. "A la izquierda siempre", a sinistra sempre.

Altan è anche il botanico del plotone. Conosce ogni pianta, persino qui, dove gli orti sono ancora orti e la terra non è ancora preda di monocolture totalitarie. I compiti si chiariscono. Emilio è il meccanico e l'interprete. Chi scrive gestisce il libro di bordo e un precario ufficio esteri.

"Il pepe nel culo degli altri rinfresca." Altan ci allieta con i suoi proverbi brasiliani. Ormai sono giorni che ci vediamo solo da dietro, e quel baricentro del nostro andare diventa fatalmente oggetto di scherzi, pensieri, aforismi, filosofie. Spunta un'altra battuta, fenomenale: "Il passero che mangia sassi sa il culo che ha". Anche noi lo sappiamo il culo che abbiamo. Comincia a ululare, sente quello che Brancaleone da Norcia chiamò "il gran foco per lo retro". Emilio se ne farebbe spedire uno nuovo per Dhl. Abbiamo corso troppo, vorremmo tuffarci, nuotare. Pensiamo che già domani si abbevereranno i cavalli nel Danubio.

In un alberghetto molto "tedesco", gestito da un signore che non sorride mai, scopriamo di aver cambiato faccia. Quella di Altan ha assunto l'imperturbabilità carovaniera di un uomo che già parla con l'infinito. Emilio ha due occhi accesi come semafori, somiglia a Van Gogh negli anni della follia. Chi scrive ha perso nell'incedere ogni residuo di nobiltà mitteleuropea. "Di dove siete?" ci chiede la gente. "Indovina?" rispondiamo. E loro: tedeschi? cechi? ungheresi?

Nessuno ci riconosce più come italiani. Il nomadismo ti strappa l'identità nazionale, ti cambia persino i muscoli facciali. Fa di te un anarchico apolide.

HOTEL DUN
VUKOVAR ~ HOTEL DANUBIO
ARRIVO AL CONFÍN E LA GUARDIA MI FA: IL VISTO XE 200 DOLLARI. GHE LI METTO IN MANO E LUI: NIET, NEIN TU PAGHI ALL'UFFICIO, NO A ME! E IO: MA L'UFFICIO È GIÀ CHIUSO! E LUI: TU ASPETTARE DOMANI.
LUI NON HA PRESO TUOI SOLDI?
MACCHÈ! CHE CASSO DI POLIZIA È, MI DOMANDO!
SON PASSATO DA SARAJEVO E...
A FARE?
IMPORTEXPORT. MA TUTTO UN GIORNO PE' TROVA' UN PANINO...
ALLORA GLI HO DETTO: LA MACCHINA TE L'HO PORTATA, E MO' TU PAGHI, BELLO...
QUANTO?
VENTI MILIONI, MA DI LIRE, MICA DE 'STE PATACCHE CHE C'AVETE VOI, EH?
TONI S. 59 ANNI
TANIA, 19
NINO, 37
PIVO
MIMMO, 51
ME GÀ TOCÀ DE DORMIRE IN UN HOTEL DE MERDA... E TE QUA CHE ASPETTAVI..
ANDIAMO IN CAMERA TONI...
NON STA' A FAR NOMI STUPIDINA..
B
A
ADESSO PIGLIO UN TAXI PER TIMISOARA, E POI VEDIAMO...
VELIKO PIVO, BITTE
SUBITO BIRRA PER ITALIANO BRAVA GENTE! HA, HA, HA....
RENZO, 44
UNA GRANDE BIRRA, PLEASE

QUINTA TAPPA: SLAVONSKI BROD – VUKOVAR

Lunghezza: 94 km
Tempo effettivo di pedalata: 4 h e 21'
Media: 22.03 km/h
Partenza: 9.02
Arrivo: 14.37

Dopo le due tappe precedenti, impegnative per la distanza e le ore di sella, le due successive si possono considerare una piccola vacanza. Né l'una né l'altra presentano problemi di orientamento. Si esce, dunque, da Slavonski Brod imboccando la strada per Vukovar, passando per i paesi di Vrpolje e Vinkovci. A tratti di paesaggio agrario piuttosto monotono si alternano chilometri di foreste di roveri imponenti, mentre il fondo stradale è accettabile per tutto il percorso, anche se granuloso. Il traffico è moderato fino a Ivankovo, mentre da qui fino alla conclusione della tappa aumenta un po'. La strada è abbastanza larga da consentire una pedalata sicura. La parte finale è un po' monotona, ma del tutto pianeggiante. La mancanza di salite consente l'uso di rapporti veloci.

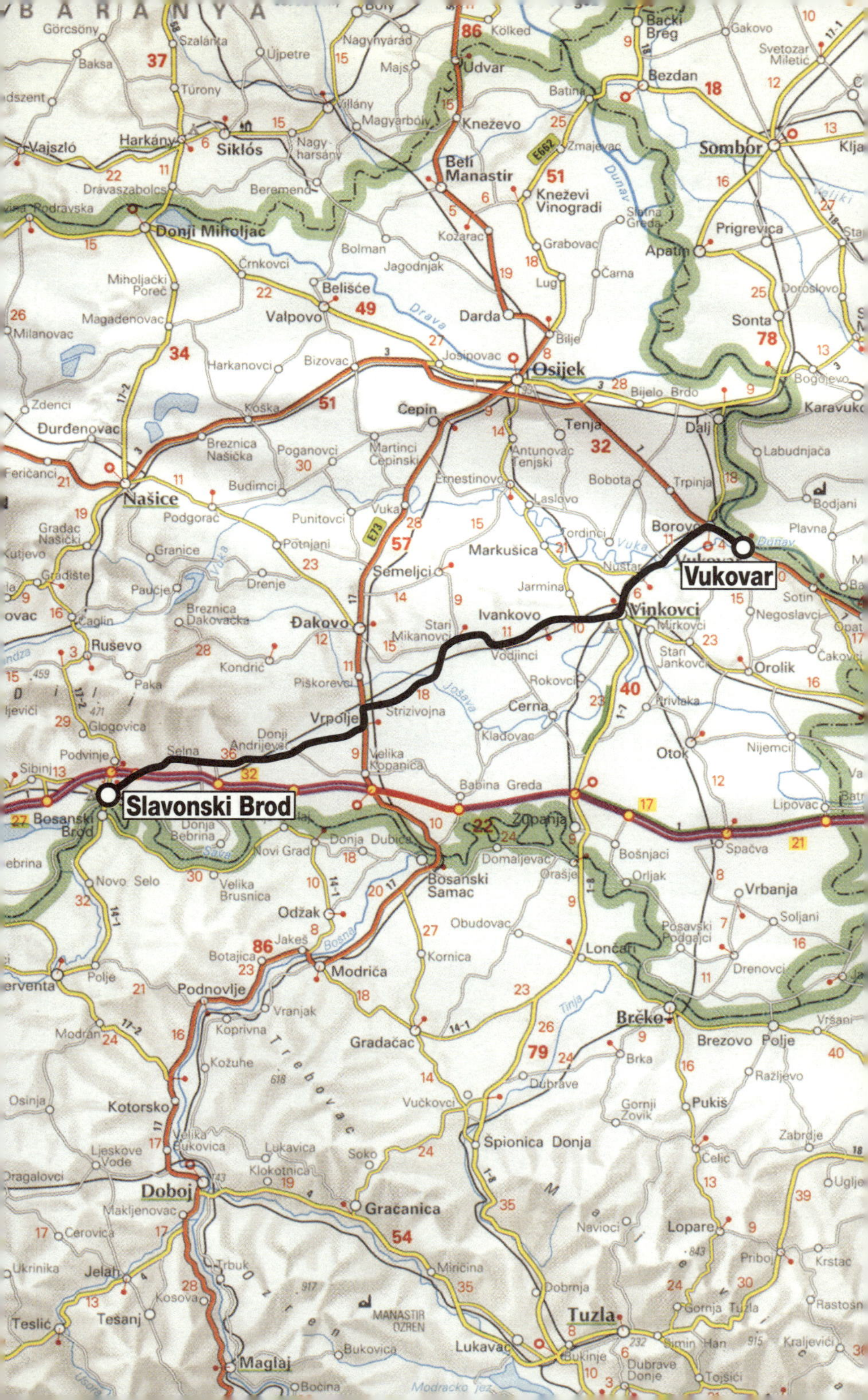
BARANYA
Görcsöny
Szalánta
Újpetre
Nagynyárád
Kölked
Bački Breg
Gakovo
Svetozar Miletić
Baksa
Túrony
Majs
Udvar
Batina
Bezdan
Villány
Magyarbóly
Kneževo
Siklós
Harkány
Vajszló
Nagyharsány
Beli Manastir
Zmajevac
Sombor
Dravaszabolcs
Beremend
Kneževi Vinogradi
Podravska
Donji Miholjac
Kozarac
Sotna Greda
Prigrevica
Apatin
Bolman
Grabovac
Črnkovci
Jagodnjak
Miholjački Poreč
Belišće
Čarna
Lug
Doroslovo
Valpovo
Darda
Sonta
Magadenovac
Drava
Bilje
Milanovac
Harkanovci
Bizovac
Josipovac
Osijek
Bogojevo
Bijelo Brdo
Zdenci
Koška
Čepin
Karavukovo
Đurđenovac
Tenja
Dalj
Breznica Našička
Poganovci
Martinci Čepinski
Antunovac Tenjski
Labudnjača
Feričanci
Ernestinovo
Bobota
Trpinja
Našice
Budimci
Laslovo
Bodjani
Podgorač
Punitovci
Vuka
Borovo
Plavna
Gradac Našički
Potnjani
Markušica
Tordinci
Dunav
Kutjevo
Granice
Nuštar
Vukovar
Gradište
Paučje
Drenje
Semeljci
Jarmina
Sotin
Čaglin
Breznica Đakovačka
Ivankovo
Vinkovci
Negoslavci
Đakovo
Stari Mikanovci
Mirkovci
Ruševo
Vođinci
Stari Jankovci
Opatovac
Kondrić
Orolik
Čakovci
Paka
Piškorevci
Rokovci
Jošava
Privlaka
Vrpolje
Strizivojna
Cerna
Glogovica
Donji Andrijevci
Kladovac
Otok
Nijemci
Podvinje
Selna
Velika Kopanica
Sibinj
Slavonski Brod
Babina Greda
Lipovac
Bosanski Brod
Donja Bebrina
Županja
Spačva
Sava
Novi Grad
Donja Dubica
Domaljevac
Bošnjaci
Orljak
Bosanski Šamac
Orašje
Vrbanja
Novo Selo
Velika Brusnica
Odžak
Obudovac
Posavski Podgajci
Soljani
Jakeš
Botajica
Bosna
Kornica
Lončari
Drenovci
Modriča
Polje
Derventa
Podnovlje
Vranjak
Tinja
Brčko
Vršani
Koprivna
Modran
Gradačac
Brezovo Polje
Brka
Kožuhe
Trebovac
Ražljevo
Dubrave
Osinja
Vučkovci
Gornji Zovik
Pukiš
Kotorsko
Zabrdje
Velika Bukovica
Lukavica
Špionica Donja
Ljeskove Vode
Soko
Čelić
Dragalovci
Klokotnica
Doboj
Gračanica
Majevica
Ugljevik
Makljenovac
Navioci
Lopare
Cerovica
Miričina
Priboj
Krstac
Ukrinika
Jelah
Trbuk
Ozren
Dobrnja
Gornja Tuzla
Rastošnica
Kosova
Tešanj
Teslić
Manastir Ozren
Tuzla
Lukavac
Simin Han
Kraljevići
Bukovica
Maglaj
Bukinje
Dubrave Donje
Bočina
Modračko jez.
Tojšići
Usora
E662
E73

La strada è un lungo tapis roulant verso il Danubio, punta verso il meandro di Vukovar. Non la puoi evitare la nuova Stalingrado, tutte le vie portano alle sue macerie, alle falesie galline, al campanile mitteleuropeo che buca la pianura da lontano, oltre il frumento. Già dopo Slavonski Brod comincia un lievissimo saliscendi; senti avvicinarsi una linea di collisione tra i popoli. O forse è solo l'Oriente. Altan lo sente, come uno strappo impercettibile.

"Dove andate?" chiede la gente vedendoci in bici. A Istanbul, rispondiamo. Lo stupore degli interlocutori si articola in un ampio ventaglio di esclamazioni. Vanno da "oooh" a "oioioi", da "alalalalalala" a un "uuh" sibilato, come di chi si fa trapanare un dente. Istanbul da Trieste è lontana come Barcellona, ma la distanza mentale è infinitamente superiore. Per i croati già la Serbia è la foresta degli orchi. Figurarsi la Bulgaria e i minareti.

Un falcone ci gira sopra, la strada corre tra i frutteti. Il traffico scompare e subito scopriamo perché. Ci sono trattori di traverso agli incroci, i contadini scioperano contro lo stato che compra il grano a prezzo troppo basso, meno di otto dollari al quintale. I braccianti arrostiscono carne in mezzo a un prato, ci invitano per una birra, sono già un po' ubriachi. "Vieni qui, amico italiano!", noi ringraziamo, ma la birra no, quella è il lusso del crepuscolo. Si fa merenda sotto un tiglio, la gente viene a curiosare, poi l'interminabile paese rettilineo finisce, la strada è inghiottita dai querceti, una foresta immensa, di pianura, tetra come la Padania dei celti. Il tempo si allunga, dice che i viaggi veri sono sempre a est, dove nidificano le cicogne e per i nostri padri cominciava la Grande Paura.

Vinkovci, in bilico tra Sava e Danubio. Fino a ieri la strada ferrata Trieste-Zagabria-Belgrado aveva il capolinea qui, perché oltre piovevano granate. Sei in un cul-de-sac, non c'è un'auto iugoslava manco a morire, sembra che il mondo finisca. Invece il paese è ricco, più ricco di quelli che abbiamo già attraversato. Scintilla di ristoranti, videoclub, concessionarie. Bandiere croate garriscono sulle case distrutte dai serbi che nessuno ricostruisce. È il business in nero della guerra, il contrabbando, l'esproprio patriottico che ha fatto tante fortune.

Poi è di nuovo la campagna, i girasoli, i vialoni di tigli, le macchie compatte di querce, impenetrabili come le foreste bielorusse. Il ponte sul fiume Vuka e, all'orizzonte, oltre il grano, la boscaglia che orla il grande fiume d'Europa. Vukovar la vedi da lontano, è annunciata da un cielo pieno di rondini. Dieci anni fa, durante i bombardamenti, quello stesso cielo era popolato da corvi, i corvi enormi della Pannonia. Oggi ha cambiato inquilini.

È stata sempre la guerra a chiamare le rondini. Sono venute a decine di migliaia, ad abitare uno per uno i buchi fatti dai kalashnikov nei muri. Una rondine per ogni bossolo, che rivincita della vita! Dalla torre piezometrica trivellata dalle raffiche ne escono a ondate, gridano come pazze, come i bambini che giocano a pallone sul prato davanti all'Hotel Danubio, volano sul monumento ai Caduti e sulle ragazze che pattinano con i roller sull'argine. Il Danubio va, lento, regolare; uno ci si tuffa da una chiatta arrugginita, nuota controcorrente e pare fermo, col fiume che gli scorre sotto come un tappeto mobile.

La campana dal colle batte le 18.00, dall'altra parte la riva serba è un muro di boscaglia. Incredibile come il centro di Vukovar riesca ancora a essere bello. Putti di pietra sorridono tra un crollo e l'altro nella città barocca, ma la gente ha ancora paura a entrare in questo luogo dove si è consumato il primo urbanicidio europeo dopo il '45. Dentro è Grozny, è una Cecenia in casa nostra. Milošević è all'Aoia, il comandante Arkan è sotto sei piedi di terra, ma l'anima del luogo se n'è andata. Tedeschi, serbi, russi, ungheresi, italiani non torneranno. E la croaticità non basta a riportare la vita.

Sulla terrazza arriva la birra, fresca, liberatoria, gialla, color del sole. L'albergo dove ieri piovevano le granate è diventato una zona franca per il business d'assalto. Un napoletano brillantinato ci racconta dei suoi viaggi d'affari, un bresciano discute rumorosamente con l'interprete come farsi pagare l'auto che ha venduto ai rumeni. Cala la notte, in fondo al Danubio, verso est, pulsa una luce rossa. È il faro del traffico fluviale che non c'è. L'hanno interrotto le bombe della Nato, abbattendo i ponti di Novi Sad, settanta chilometri più a valle. Una Luna color fosforo esce dall'umidità.

SESTA TAPPA: VUKOVAR – NOVI SAD

Lunghezza: 82 km
Tempo effettivo di pedalata: 4 h e 05'
Media: 20.05 km/h
Partenza: 9.16
Arrivo: 15.15

Anche questa è una tappa tutto sommato leggera e facile, che permette di recuperare energie. I primi 40 km si snodano lungo il Danubio, che nel corso degli anni si è creato degli argini sabbiosi piuttosto mossi. Quindi: saliscendi continui, a volte con strappi impegnativi, ma immediatamente seguiti da una discesa consolatoria. Si arriva a Ilok, il posto di confine croato, si passa il ponte sul Danubio – distante pochi minuti di pedale – e quindi, a Bačka Palanka, si entra in Iugoslavia. Da qui in poi il percorso è pianeggiante, ma il fondo stradale è piuttosto sconnesso e richiede un po' di attenzione nella guida. Mano a mano che ci si avvicina a Novi Sad il traffico aumenta, ed è consigliabile pedalare più a destra possibile.

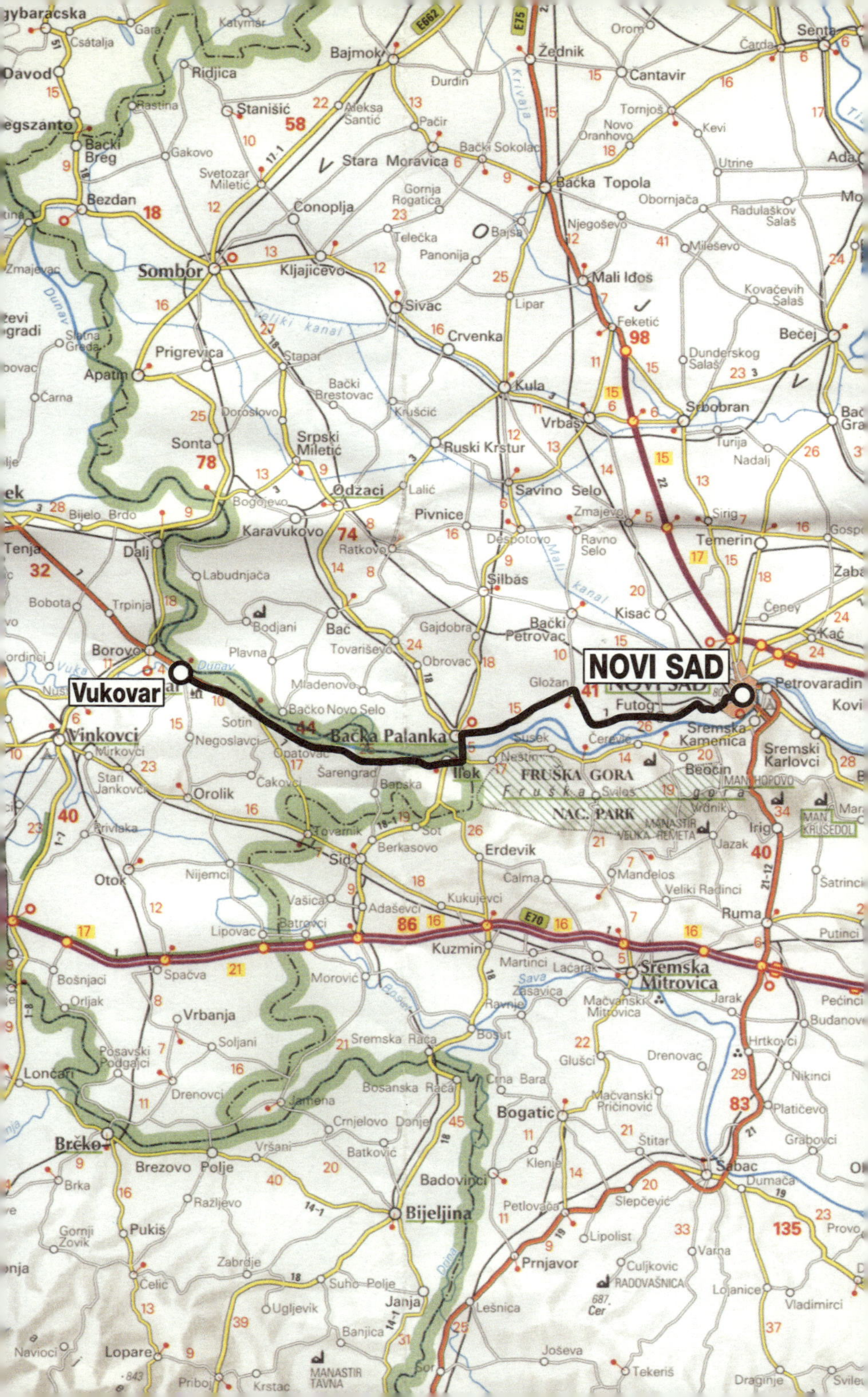
Vukovar
NOVI SAD
Sombor
Apatin
Bačka Palanka
Bačka Topola
Kula
Vrbas
Srbobran
Bečej
Temerin
Petrovaradin
Sremski Karlovci
Sremska Kamenica
Futog
Ilok
Vinkovci
Šid
Ruma
Sremska Mitrovica
Šabac
Bijeljina
Brčko
Odžaci
Bač
Senta
Bajmok
Crvenka
Sivac
Kljajićevo
Čantavir
Žednik
Mali Iđoš
Feketić
FRUŠKA GORA
NAC. PARK
Fruška gora
Dunav
Sava
Drina
Veliki kanal
Mali kanal
Irig
Beočin
Bogatic
Prnjavor
Janja
Kuzmin
Martinci
Lačarak
Bezdan
Bački Breg
Dalj
Borovo
Tenja
Otok
Orolik
Lipovac
Batrovci
Erdevik
Šatrinci

Vukovar, oggi si cambia mondo: si va in Serbia sotto un cielo basso, quasi tedesco. Campi di girasoli giallo elettrico, coperti da milioni di api. Il sole ci sveglia presto, il Danubio ci dà la direzione: Novi Sad, la città magica delle cento etnie e dei grandi ponti abbattuti. Novi Sad e la fortezza di Petrovaradin, a picco sul grande fiume d'Europa. Altan spinge in silenzio, la riva destra è lungo un tavolato regolare. Voli, una trentina di metri sopra il fiume, ma ogni tanto precipiti in una valletta scavata da torrenti che qui, sposandosi col Danubio, conquistano il rango di affluenti. In fondo alla discesa, villaggi dimenticati, acquattati sulla confluenza, stretti da strapiombi cariati e pieni di uccelli.

La gente ci saluta, qualcuno vede dall'abbigliamento che siamo italiani e ci dice buon viaggio nella nostra lingua, poi risaliamo sul tavolato con rampe brevi e durissime, fino al dieci per cento. Il vento dice che sta per piovere, odore dolciastro di fieno bagnato, lontano c'è la Serbia con la Fruška Gora, un mondo segreto di colline e monasteri ortodossi. Lassù, dieci anni fa, uno sconosciuto ufficiale di nome Ratko Mladic si preparò all'assedio di Sarajevo comandando i tiri sulla Croazia.

Ormai piove forte; la frontiera di Ilok è vicinissima. Non ci fermiamo, Emilio e Francesco, ciclisti esperti, insistono che semmai è tempo di accelerare per non raffreddare i muscoli. Il confine è vuoto, la dogana croata ci controlla con sufficienza, poi è il ponte, lunghissimo, un ponte grigio, da guerra fredda, da scambi di spie in un libro di le Carré. Vola sopra un Danubio anch'esso grigio con smagliature color malva, improvvisamente lento. "Benvenuti in Iugoslavia" sta scritto in cirillico davanti ai container della polizia serba, scalcagnati, quasi sudamericani. Non c'è una tettoia, sotto il diluvio aspettiamo i passaporti con calma già islamica.

Di colpo, ci cade addosso tutta la trasandatezza serba dopo l'attivismo dei croati. Le lingue dei due popoli sono quasi la stessa cosa, ma il nome del pane, per esempio, cambia, e in quel cambiamento c'è già l'Oriente. Non si dice più *kruh*, la parola dura da cui nacque in Italia il nomignolo "crucchi", per definire i soldati austroungarici, affamati e allo sbando dopo la rotta del Piave. Si dice *hleb*, un nome che non sa più di disciplina e fatica, ma di dolcezza e benedizione.

Pioggia pannonica, la strada è orribile, piena di fango. I camion ci sfiorano, ma quando piove così il ciclista non se ne accorge. Si chiude in un guscio psicologico che lo protegge, entra in un tunnel. Buca, buca con acqua, acqua con buca nascosta: è una Liegi-Bastogne-Liegi che ci trasforma in piccoli Learco Guerra, coperti di fango dalla testa ai piedi. All'inizio Altan evita le pozzanghere ma poi, chissenefrega, il bambino che è in lui prende il sopravvento e la bici le centra tutte con gioia primordiale. Ormai siamo lanciati, la corsa è una migrazione, un romanzo di Crnjanski, uno sfondamento armato dietro ai turchi in rotta verso Belgrado.

Si va in un'aureola d'acqua e il nostro andare è una riabilitazione di uno sport che ha ucciso la leggenda, sputtanandosi per troppo denaro. Davanti, Emilio, con l'occhio del campesino che mastica coca. Dietro, Altan, silenzioso, criniera argento come un Re Leone nella savana, sogna le sue floride dee madri. In mezzo, il pazzo che li segue, alla ricerca dei luoghi di Danilo Kiš, lo scrittore un po' folle di questa terra di zingari, acque e violini. Il tunnel d'acqua finisce, comincia la periferia di Novi Sad, con case orrende di emigranti e nuovi ricchi, vie di mezzo tra mausolei staliniani e Gasthaus tedesche.

Ma poi comincia la città magica, le guglie a meringa, le bellezze a spasso come puledri. Vanno con quella speciale andatura slava, eretta e caracollante. Dicono ai signori delle pulizie etniche: avete ucciso per nulla, la razza mista è la migliore. Con lo sguardo, ti porgono un'ovvietà: in una terra di macho in continua fregola bellica, la salvezza sta nella donna, nel grande matriarcato danubiano. Ci guardano con curiosità. Siamo irriconoscibili, talmente coperti di fango che una piccola zingara non osa chiederci elemosine. Ci guarda come paralizzata. Pensa: strani questi ricchi che amano lo sporco, non ne avevo mai visti prima.

Smontiamo, le bici sono incrostate di limo, la mia pesa il doppio perché l'acqua ha inzuppato sacche e vestiti. La stanza d'albergo diventa uno stenditoio di fortuna, con mutande e calzini appesi dalle finestre al bagno. Tutto è molto comico, anche perché nel frattempo è uscito un gran sole. Il regista Želimir Žilnik, che ci porta a cena, ride di cuore di questo nostro andare a oriente mentre tutta la Iugoslavia tenta di sfuggirgli. "Sretan put italiani, dobri ljudi" ci saluta con un calice di rosso lo scrittore Aleksandar Tišma. Buon viaggio, italiani brava gente.

IN FONDO, NEL SUO PICCOLO, È UN'IMPRESA EPICA.
E MAGARI DIMAGRIAMO ANCHE UN PAIO DI CHILI.
ALTAN.

SETTIMA TAPPA: NOVI SAD – SMEDEREVO

Lunghezza: 161 km
Tempo effettivo di pedalata: 7 h e 05'
Media: 23 km/h
Partenza: 9.30
Arrivo: 18.05

Una tappa lunga, pesante e prevalentemente di pianura, con il sole che si fa sentire di più. Quindi, è meglio bere molto e spesso, per non andare incontro a fenomeni di disidratazione, e cominciare a sciogliere qualche bustina di sali nelle borracce. L'uscita dalla città, imboccando l'autostrada in direzione di Zrenjanin, è spiacevole per il traffico intenso, ma dopo l'uscita a Kać la rotta diventa squisitamente agreste. Bisogna dirigersi verso Vilovo e Perlez, e da qui verso Čenta. Il fondo stradale buono, a eccezione di alcuni tratti di pavé, permette un'andatura costante imperniata su rapporti medi. La direzione da prendere è verso Jabuka, dopo la quale tocca pagare la tassa di 60 km di traffico intenso. L'ampiezza della strada, in ogni caso, consente una pedalata relativamente sicura. Si passa per la devastata Pančevo e da qui si prende la strada per Kovin. Si arriva a Smederevo superando il ponte sul Danubio, dopo 161 km.

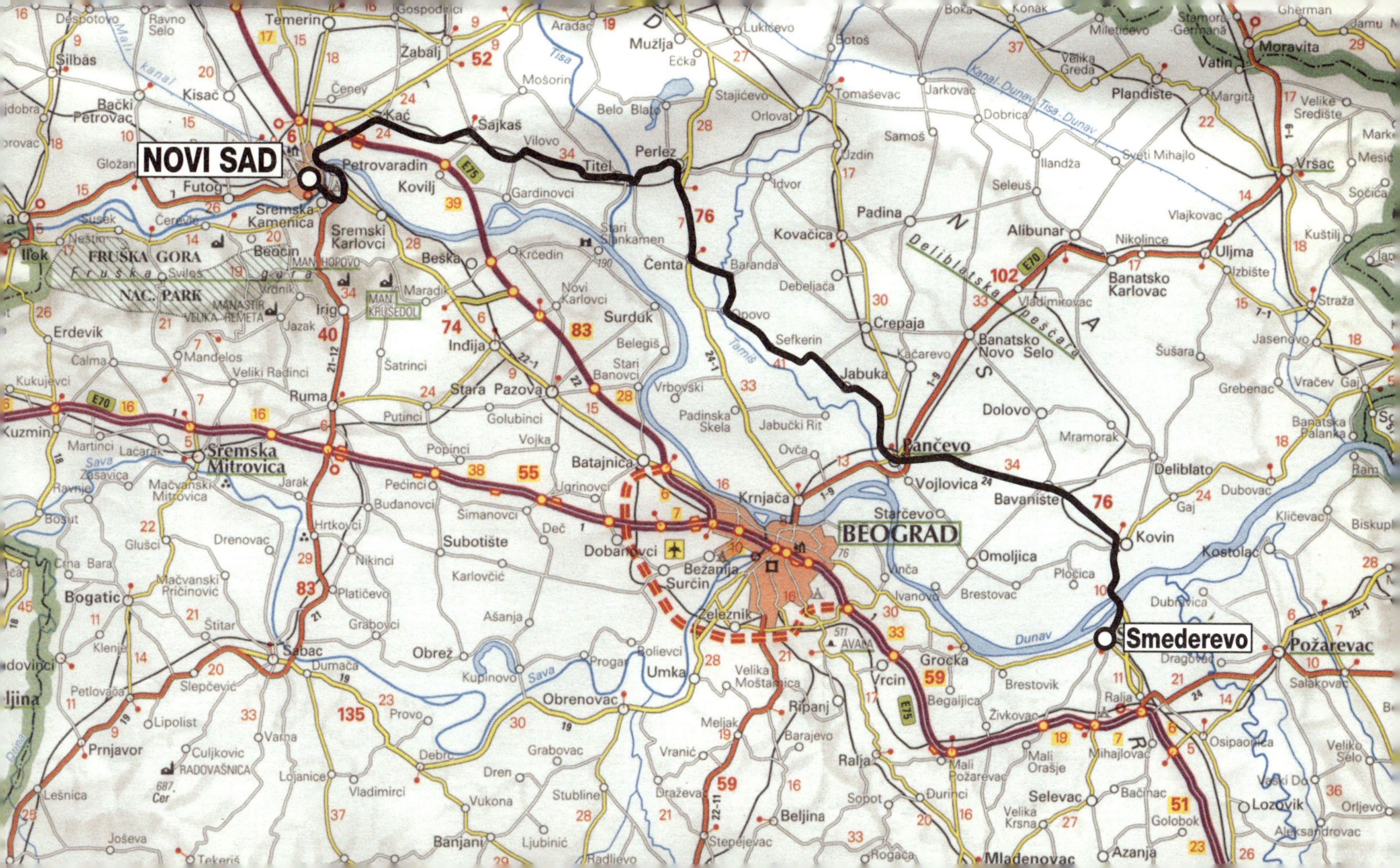
NOVI SAD
BEOGRAD
Smederevo
Petrovaradin
Kovilj
Šajkaš
Titel
Perlez
Čenta
Opovo
Sefkerin
Jabuka
Pančevo
Vojlovica
Bavanište
Kovin
Požarevac
Sremski Karlovci
Sremska Kamenica
FRUŠKA GORA
NAC. PARK
Fruška gora
Sremska Mitrovica
Ruma
Inđija
Stara Pazova
Batajnica
Zemun
Krnjača
Dunav
Sava
Tisa
Tamiš
Deliblatska peščara
BANAT
Vršac
Alibunar
Kovačica
Padina
Šabac
Obrenovac
Grocka
Mladenovac
E70
E75

Luce radente da est, visibilità illimitata sui campi e sui fiumi della Vojvodina, straordinario luogo di migrazioni e battaglie campali. I grandi spazi svegliano il cosacco che è in noi. Da quassù, Petrovaradin, la fortezza più impressionante d'Europa, fatta costruire dagli austriaci di fronte a Novi Sad per fermare i turchi, possiamo vedere nel dettaglio tutta la tappa che, in centosessantun chilometri ci porterà oltre Belgrado, fino a un'altra fortezza, Smederevo, ultimo avamposto degli slavi ortodossi dopo lo sfondamento ottomano in Kosovo nel 1389.

Dalla terrazza della foresteria ufficiali, oggi Hotel Varadin, segui il fiume che torna indietro, con una curva spettacolare piega per un tratto verso nord-ovest, la direzione delle sorgenti, come il Gange a Benares. Nessuna città danubiana ha una simile scenografia tra le colline. Non Ratisbona. Non Belgrado, non Vienna e nemmeno Budapest. Anche il ponte grande abbattuto dalla Nato ha una sua bellezza. E persino il ponte provvisorio su chiatte, quello che ancora blocca la navigazione, dice all'Europa che senza Novi Sad il Danubio non può esistere.

Planiamo verso est, in cerca del Tisa, il fiume che per gli ungheresi segna l'inizio dell'Oriente. È lì, dicono, che il tempo e lo spazio cambiano scala. La Vojvodina è sempre Iugoslavia, ma è un altro pianeta. Ieri era l'ultimo pezzo di Austria-Ungheria. Oggi è un luogo dove ogni cupola a cipolla ti dice: restate, non proseguite oltre verso il mondo del disordine. Ma quel medesimo bulbo sotto la guglia, inconfondibile nella pianura, ci parla d'Oriente, richiama il Cremlino e la moschea di Solimano.

Cielo gonfio come una mongolfiera, grande silenzio, traffico zero. Nei campi la gente interrompe il lavoro per guardarci passare, un vecchio dai baffi alla Franz Josef solleva la zappa tra il mais. Qui, come a Monfalcone, credono di vivere in un "non luogo", ignorano di essere sulla grande strada di Istanbul. I Mig iugoslavi volano bassi, ci fanno "bang" sopra la testa, ma quel bang pare un ridicolo starnuto in questa campagna di cicale, in questa terra che, assieme all'Istria, è rimasta l'unico spazio dell'ex Iugoslavia ancora privo di rancori.

All'orizzonte cresce un argine misterioso, erboso e senza alberi; corre per decine di chilometri e sbarra la strada del Tisa. È una sponda dimenticata dal Danubio nel suo girovagare dentro il mare pannonico. Qui migra tutto, anche i fiumi. Lasciano i segni dei vecchi meandri come un anaconda sulla sabbia. Anche questa scarpata è un segno del serpente, la strada l'aggancia e la segue a mezza costa, alta quanto basta per offrirti una visibilità illimitata per 180 gradi.

Oltre un villaggio di nome Vilovo, laghetti con anatre, poi greggi libere, ma sono greggi troppo bianche per essere di pecore, e infatti sono oche, oche candide, fosforescenti, che si spostano a famiglie, con quella testa a periscopio, tra cavalli liberi a pelo lungo e maiali ruspanti. Questo incanto è la terra dei lala, il nomignolo di questa gente timida, ordinata e lavoratrice, che sta agli antipodi del serbo fiero del grande Sud.

Una lucciola dai capelli turchini, surreale tra le galline, ci guarda con gli occhi vuoti andare verso il Tisa. Il fiume è verde, gonfio, poi planiamo su una terra in piena mietitura, popolata di trebbiatrici alte come torri. A Čenta tutto il villaggio è al lavoro, sul vialone alberato passano trattori con carri pieni di grano e bambini rapati a zero. È l'ora di abbeverare i cavalli. Sosta all'ombra di un tiglio davanti a un bar, per il miglior caffè (turco) del viaggio.

Il Tamiš è marrone, pare un piccolo Mekong esausto fra gli acquitrini prima della confluenza. All'orizzonte Belgrado, le ciminiere bombardate di Pančevo, le Porte di ferro che inghiottono l'aorta d'Europa. La trigonometria della terra dei grandi fiumi è di una nitidezza sensazionale. Par di vedere i generali sulle colline, i reggimenti e le bandiere. Il trenino va, pigia regolare, vola oltre il ponte sul Danubio. Non lo rivedremo più. Chiatte lentissime controcorrente; l'arteria è gonfia, di colore indefinibile, contiene già tutte le sue acque.

"Stasera fermate il Danubio e le lancette del mio orologio, perché questa canzone è mia e del mio amore." Smederevo. Il cosacco è stanco, ha voglia di quiete. Comincia una notte piena di cani, è l'ouverture del grande Sud.

PER VOI?
CERTO. E PER CHI, SENÒ?

OTTAVA TAPPA: SMEDEREVO – ČUPRIJA

Lunghezza: 110 km
Tempo effettivo di pedalata: 6 h e 10'
Media: 18.01 km/h
Partenza: 9.15
Arrivo: 17.55

Uscendo da Smederevo si imbocca la strada verso sud, per poi deviare a destra seguendo le indicazioni per Velika Plana. Il fondo stradale è piuttosto in cattivo stato, e bisogna stare attenti alle buche, ma la mancanza di rilievi in questi primi chilometri rende la pedalata, tutto sommato, agevole. Si continua dritti per questa strada, che segue la Morava sulla riva destra. Dopo Saraorci si raggiunge Velika Plana, da dove si prenderà la strada per Markovac. Circa a metà tappa la topografia si fa più mossa: si affronta una breve salita, e quindi si arriva a Jagodina, dopo una discesa che segna la fine dei saliscendi. Da qui in avanti un traffico sostenuto accompagnerà i ciclisti fino a Čuprija, dove si arriverà dopo 110 km di percorso.

Smederevo
Ćuprija
Banatsko Novo Selo
Šušara
Jasenovo
Kaluđerovo
Bela Crkva
Naidăş
Sasca Montană
Grebenac
Vračev Gaj
Dolovo
Mramorak
Socol
Carbunari
Sopotu Nou
Banatska Palanka
Belobreşca
Baziaş
Pojejena
Deliblato
Dubovac
Ram
Gîrnic
Moldova Nouă
Bavanište
Gaj
Veliki Gradište
Sicheviţa
Kovin
Kličevac
Biskuplje
Moldova Veche
Pescari
Liubcova
Omoljica
Kostolac
Braničevo
Pločica
Majilovac
Golubac
Brnjica
Dobra
Brestovac
Dubravica
Srednjevo
Mali Đerdap
Dubočka Pećina
Dunav
Češljeva Bara
Rakova Bara
Grocka
Dragovac
Požarevac
Zabrega
Rabrovo
Brestovik
Salakovac
Lješnica
Turija
Begaljica
Ralja
Boževac
Brodica
Živkovac
Kučevo
Osipaonica
Mali Požarevac
Mali Orašje
Mihajlovac
Veliko Selo
Kula
Kučajna
Neresnica
Selevac
Bačinac
Vaški Do
Ranovac
Ceremošnja
Velika Krsna
Golobok
Lozovik
Orljevo
Aleksandrovac
Homoljske planine
Melnica
Mladenovac Varoš
Azanja
Krnjevo
Veliko Orašje
Brzohode
Petrovac
Kusadak
Smederevska Palanka
Žabari
Oreškovica
Ždrelo
Osanica
Milatovac
Porodin
Pridvorice
Velika Plana
Velika Morava
Setonje
Manastir Gornjak
Krepoljin
Belosavci
Burovac
Man. Koporin
Orašac
Bašin
Žagubica
Krčevac
Bošnjane
Markovac
Svilajnac
Zlatovo
Banja
Natalinci
Viševac
Rača
Topola
Man. Oplenac
Krupaja
Beljanica
Borci
Medveđa
Man. Manasija
Velike Krčmare
Batočina
Gložane
Donja Šatornja
Veliki Popović
Despotovac
Jelovac
Resavska Pećina
Stragari
Ćumić
Vojska
Resavica
Manastir Blagoveštenje
Dražmirovac
Cerovac
Botunje
Bagrdan
Ravna Reka
Ravanička Pećina
Gornji Štiplje
Troglan Bara
Bare
Man. Ravanica
Kučaj
Kragujevac
Jagodina
Senje
Rogojevac
Man. Jošanica
Popovac
Dragocvet
Grza
Vučkovica
Grošnica
Sveta Petka
Gornja Sabanta
Dragoševac
Lešje
Izvor
Stolica
Paraćin
Knić
Gruža
Borač
Rekovac
Potočac
Smilovac
Bresnica
S
R
B
I
Obrež
Vitoševac
Gledić
Belušić
Pojate
Man. Kalenić
Oparić
Varvarin
Ćićevac
Ražanj
Vitkovac
Zapadna Morava
Donji Krčin
Bačina
Mozgovo
Adrani
Kraljevo
Stalać
Vitanovac
Južna Morava
Deligrad
Žiča
Padež
Ročevići
Manastir Ljubostinja
Jasika
Velika Drenova
Mataruška Banja
Kaonik
Gračac
Kruševac
Trnjane
Vrnjačka Banja
Trstenik
Stopanja
Pepeljevac
Žitkovac
Veliki Šiljegovac
Veluće
Maglić
Ibar
Brezna
Gornji Stepoš
Mrmoš
Poljaci
Goč
Stanišinci
Rudenica
E75
E761
Dobra

Comincia male la Valle della Morava. Malissimo. Camion con diesel da pestilenza, fondo stradale spaccaculo, case brutte, una vampa estiva che ti schiaccia il cielo sulla testa e cancella il panorama. Inizia il ritratto di un paese che ha dissipato se stesso, è come se su tutto fossero piovute macerie: non per le bombe della Nato, ma per il fallimento dell'autogestione titoista. Già l'albergo della notte ci avvertiva. Ascensori in fondo a corridoi modello Birkenau; uno chef protervo che ti sbatte il tè sul tavolo, non porta la marmellata solo perché non gliel'hai chiesta.

Anche il vento ci rema contro, ci dice di non proseguire. Scende secco, regolare. Viene dalla Macedońia, pare un fiume rovente. Ti disidrata, ti rincoglionisce. In queste condizioni non c'è scelta, ci si allinea in formazione per infilare l'aria, si chiudono i boccaporti col mondo esterno e il viaggio diventa un esercizio mantrico. Davanti tira Emilio, "el condor", taglia aerodinamico la corrente come una polena, e il trenino gli sta incollato dietro. Cambia anche la colonna sonora; ormai è *Kalashnikov* di Bregovič. Altan è un diesel, odia le soste, preferisce andar piano ma andare. Tace, i suoi silenzi hanno sfumature innumerevoli. Filosofica, perplessa, contemplativa, interrogativa, incazzata, felice. Oggi il suo è un silenzio blindato.

In queste condizioni il viaggio è solo una moviola,

non c'è spazio per osservare altro che quello che ti scorre sotto o accanto. Fotogrammi straordinari. Due lupi morti sullo stradone; un fisarmonicista gentile di nome Slobodan; una pugnace, piccolissima venditrice di pomodori con baffi alla Clark Gable; una lattea venditrice di Coca-Cola in un chiosco tra i campi; cinque suonatori zingari con ottoni dentro un caffè; un loquace macellaio di maiali di nome Bogdan.

Alle prime rampette mi cade addosso tutto il peso del basto. Orribile. L'ho riempito troppo. Stasera, giuro, butto il superfluo nella Morava. Sulle mie due sacche corrono ormai leggende. Per Emilio nascondono una cucina da campo, per Altan un cameriere filippino liofilizzato. Oggi non ho voglia di riderci su. Basta un tre per cento per sentire un elastico che mi tira all'indietro. Ogni volta è un Gavia.

Mezzogiorno di fuoco, paesi lunghissimi con la ferrovia Belgrado-Atene a fianco, è la rotta del sud; ma anche il sole e il vento picchiano da sud. La strada è martellante. Campi di grano con la scritta "vendesi", lapidi di granito nero col ritratto impresso del morto sulla strada, spesso un giovane; un'antenna parabolica in cima a una mini Torre Eiffel nel giardino; la casa di un camionista con le Alpi e il disegno di un Tir che le valica. Una fiera delle vanità in mezzo alla miseria nera.

Ormai siamo segnalati; al mattino ci ha beccati la televisione serba per un'intervista, ora incrociamo Fabio, Marzia ed Emiliano della Caritas italiana. Ci cercano, vogliono passare la serata con noi. Compaiono come angeli del paradiso a prendermi le sacche prima delle lunghe salite. Poi tutto va meglio, la bici è una piuma, anche il paesaggio migliora, cominciano belle colline, quasi svizzere. I tre amici italiani filano avanti a cercarci un posto per la notte.

Salita tosta, ma in cima tutto si apre, il gran verde si colora di pastello, l'aria è dorata. La Morava segna la strada per il Mediterraneo; in Europa solo la valle del Rodano spacca le montagne con altrettanta geometria. Ma attenzione: in questa terra i punti cardinali non sono tali. Sono ossessioni geopolitiche. Occidente vuol dire Nato, il Nord è Germania, l'Est è l'Islam. Qui vicino c'è il nucleo simbolico di questa paura, la santificazione ultima del vittimismo serbo: il monastero di Ravanićka. Vi è sepolto il duca Lazar, l'eroe che morì sei secoli fa combattendo contro gli ottomani. Per ordine di Milošević la sua mummia fu portata in giro per tutta la Serbia. Doveva risvegliare l'orgoglio nazionale, portò la dannazione.

Il contachilometri segna mille alle porte di Čuprija, i cavalli hanno sete, passano di slancio la Morava ed è il loro ultimo grande ponte dopo la Sava, il Tisa e il doppio passaggio del Danubio. Ma questo è il più simbolico. *Čuprija* in turco non è solo un manufatto. Contiene la metafora del passaggio, l'anima del luogo; come quello leggendario di Mostar. Ritroviamo gli amici in un alberghetto sulle rive di un ruscello, le bici frenano davanti a un vassoio di birra in mano a una rossa vestita da cameriera.

La sera scende verde, balcanica; concerti di rane, zanzare, stelle, musica ormai carovaniera. Marzia e gli altri ci raccontano del loro lavoro nelle retrovie di un fronte che non dorme da dieci anni, finché la nostra Luna non inonda le colline.

IZGLEDA MI DA SAM TRASTEVERU SA PAJATOM VACCINARSKA i PONENTINSKO! (MI PARE DI STÀ A ROMA)
LIJEPO! HA-HA-HA! (DIVERTENTE! HA-HA-HA!
STO JE RAKAO? (CHE HA DETTO?)
BOGZNA. (BOH) HA-HA-HA!
ALTAN.
"MOCA" A NIŠ.
LESSI
SOSSA
JULE

NONA TAPPA: ČUPRIJA – NIŠ

Lunghezza: 104 km
Tempo effettivo di pedalata: 4 h e 35'
Media: 22 km/h
Partenza: 9.35
Arrivo: 15.20

I 104 km di questa tappa che si snodano tutti nella Valle della Morava, hanno un andamento mosso e divertente, anche se il caldo si comincia a sentire. Rapporti leggeri in salita, dunque, e affondi con il 46-12 nelle discese, velocissime. Il fondo stradale è generalmente buono. Avvicinandosi a Niš, ci sono più itinerari che permettono di raggiungere la città, tutti più o meno della stessa distanza chilometrica. Quello scelto da noi è uno dei tanti possibili ma, come evidenzia la carta, ci si può sbizzarrire inventandone altri. Uscendo da Čuprija si prende la strada per Paraćin. Da qui, passando per Deligrad, si raggiunge Aleksinac, dove è necessario entrare solo per fare rifornimenti. Si passa quindi per Gornja Toponica; dopo di che sarà il flusso del traffico della città che si avvicina a condurci fino al centro, davanti alla bella fortezza turca in pietra bianca.

Čuprija
Niš
Porodin
Burovac
Setonje
Manastir Gornjak
Krepoljin
Žagubica
Krst
Luka
Stol
Glogovnica
Svilajnac
Zlatovo
Krivelj
Salaš
Borsko jezero
Bor
Donja Bela Reka
Krupaja
Beljanica
Gložane
Medveđa
Man. Manasija
Brestovačka Banja
Jelašnica
Zagrađe
Veliki Popović
Despotovac
Jelovac
Resavska Pećina
Zlotska Pećina
Brestovac
Rgotina
Vojska
Dražmirovac
Resavica
Zlot
Vražogrnac
Šarbanovac
Metovnica
Ravna Reka
Sumrakovac
Ravanička Pećina
Troglan Bara
Kučaj
Podgorac
Seliste
Zaječar
Man. Ravanica
Gamzigrad
Jagodina
Senje
Bogovinska Pećina
Bogovina
Popovac
Planinica
Dragocvet
Grza
Jablanica
Crni Timok
Sveta Petka
Krivi Vir
Boljevac
Vratarnica
Izvor
Dragoševac
Stolica
Lukovo
Lenovac
Lasovo
Dobro Polje
Paraćin
Lešje
E761
Rtanj
Šiljak
E75
Marinovac
Potočac
Smilovac
Beli Timok
R
B
I
J
A
Rujište
Bučje
Belušić
Obrež
Vitoševac
Jošanica
Vrmdža
Pojate
Oparić
Varvarin
Razanj
Bovansko jezero
Blendija
Čitluk
Donji Krčin
Bačina
Ćićevac
Mozgovo
Soko Banja
Cerovica
Stalać
Bovan
Padež
Južna Morava
Deligrad
Beli Potok
Jasika
Aleksinac
Velika Drenova
Kaonik
Kruševac
Trnjane
Vrelo
Drajinac
Stopanja
Pepeljevac
Žitkovac
Veluće
Veliki Šiljegovac
Lalinac
Gornji Stepoš
Svrljig
Mrmoš
Poljaci
Bankovac
E771
Rudenica
Ribare
Gornja Toponica
Orevac
Beloinje
Ribarska Banja
Kamenica
Sićevo
E80
Vitkovo
Kulina
Kupci
Veliki Jastrebac
Malča
Ravnište
Novo Selo
Krajkovac
Dulica
Zlatari
Niška Banja
Ajdanovac
Džigolj
Brus
Velika Plana
Razbojna
Merošina
Berbatovo
Gadžin Han
Blace
Malošište
Mala Plana
Prokuplje
Pejkovac
Kočane
Beloljin
Toplica
Donji Dušnik
Merćez
Barbatovac
Žitorađa
Toponica
Brestovac
Pločnik
Žuč
Stupnica
Dubovo
Pečenjevce
Lukovo
Kosančić
Oraše
Kuršumlija
Žitni Potok
Lukovska Banja
Tovrljane
Zlata
Leskovac
Kuršumlijska Banja
Rudare
Bogojevac
Brestovac
Prolom
Dinjduša
Bojnik
Palatna
Prepolac
Rača
Caričin Grad
Slišane
Bošnjace
Grdelica
Ostro Koplje
Krpimej
Lebane
Strojkovce
Oraovica
Merdare
Dobri Do
Vina
Trepča
Runjkovac
Vučje
Podujevo
Medveđa
Kosovska Mitrovica
Gornja Lapaštica
Glavnik
Orlane
Gagince
Južna Morava

La tappa per Niš, la città dove nacque Costantino il Grande e dove il poeta Borisav Stanković narra di donne zingare bellissime e sfortunate, comincia con un'aria di temporale, gli uccelli che tacciono e un caldo boia. Un bottegaio di Čuprija ci avverte: qui il termometro tocca i 58 gradi. Monti azzurrini a distanza; la vampa solleva correnti d'aria, ci spinge da dietro verso paesaggi di un'aridità dalmatica, greca. È lo spinnaker che rende lieve questa tappa di trasferimento, in un grande nulla agreste dove il pedalare ha una sua monotona piacevolezza.

Lunga salita sotto una pioggia di prugne color del sole, poi è Aleksinac, con la caserma bombardata. Vi scopriamo l'assenza di rancore dei serbi. In un bar, due avventori raccontano di un loro amico, Miloš, che si beccò dalla Nato una bomba a grappolo mentre si faceva una birra al mercato di Niš. Oggi, che gli hanno estratto tutte le centosettantotto schegge, Miloš ci scherza sopra. Dice: "È la dimostrazione che la birra ai serbi fa male". Cose così. Come la storia di un disc-jockey di queste parti che quando dall'Italia arrivavano gli F16 metteva su musica italiana a gran volume. La gente ci saluta, si fa in quattro per indicare la strada.

Ed è Niš, il ponte sul fiume, la fortezza medievale, e, in fondo al vialone per la Bulgaria la Torre dei Teschi, uno dei monumenti più feroci della storia d'Europa. Nel 1809, i turchi entrarono a Niš, ma tale Stefan Sindjelić fece saltare la polveriera con tutta la sua guarnigione. Il pascià allora ordinò di decapitare i caduti, quasi un migliaio, e con le teste fece una torre. Le pelli furono tolte dai teschi, riempite di cotone e spedite al sultano. Il poeta Lamartine, che passò di là vent'anni dopo, vide ancora ciocche di capelli muoversi nel vento, con l'aria che, attraversando orbite e mascelle, intonava una lamentazione.

Oggi i teschi sono solo cinquantotto, murati nella torre, e la torre è stata coperta da una cappella votiva, ma l'impressione rimane. Ti dice molto dell'anima e delle paure di qui. Il custode ci mette del suo, racconta che tra la guerra di allora e quella di oggi c'è il segno dello stesso destino. "Noi serbi abbiamo dato sangue per fare questo paese. Sloveni, croati e albanesi hanno dato solo odio." Ma Kostantin, un ex ufficiale dell'Aeronautica che oggi fa il tassista per non tornare al fronte, riconosce che la follia nazionalistica ha preso un po' tutti, dalla Grecia all'Austria.

Quando entri in un hotel del Sudest europeo ti trovi subito di fronte a una scelta vitale. O il lato in ombra o quello al sole. Quello al sole è silenziosissimo, ma rovente, una sauna. Quello al fresco (un fresco relativo) è immerso nel baccano perché tutta la vita del Sud sta dalla parte dell'ombra, anzi, è una lunga attesa del buio e della notte. In terre ex comuniste questa scelta è drammatizzata da serramenti difettosi, ventilatori rotti, docce che gocciolano tutta la notte. A Niš scegliamo le camere all'ombra, ma le finestre danno sullo stradone per la Bulgaria, con la carica dei Tir e la disco music che esce a gran volume dai bar. Un inferno, e se chiudi le finestre, la sauna ce l'hai comunque.

La sera si riempie di bellezze di tipo slavo e andaluso, gli uomini hanno facce con la storia scritta sopra, parlano di Anatolia, Grecia, Pannonia, persino India. Certi sono scuri come tamil: sono zingari del Kosovo, pare egiziani d'origine. Niš ha meticolosamente cancellato ogni traccia musulmana, ma nell'anima è più turca di Sarajevo.

La locanda Sokače, che vuol dire vicolo, è uno di quei posti dove sedimenta "el remanso del tiempo", come l'acqua che forma il vortice e torna indietro nelle curve del fiume e dietro i piloni. Guardiamo la vita passare e dopo le prime birre, ci chiamiamo tra noi col vocativo alla serba: "Checche" (Altan), "Emilie", "Paule". Tre compagnoni, di nome Lessi, Sossa e Jule, ci iniziano alla *moca* (letteralmente la "scarpetta nel sugo"), una bomba colesterolica fatta di ciccioli, pancetta, carne e peperoncino.

Per loro la stella polare non è affatto Istanbul; e dopo quella storia dei teschi c'è anche da capirli. La loro meta è esattamente la nostra partenza, Trieste, la città dove generazioni di iugoslavi hanno fatto la spesa. Si tira tardi, a Radio Fast, in cima a una scaletta di ferro, la pallida disc-jockey Gaga lavora tra montagne di cd in un clima da Sessantotto permanente. Impasta il rock con i ritmi orientali, i tamburelli, le ultime birre. Anche il cielo impasta, il giallo e il viola.

BINGO A PIROT

SONO FUORI DALLA GLOBALIZZAZIONE

↑ !!

DECIMA TAPPA: NIŠ – PIROT

Lunghezza: 67 km
Tempo effettivo di pedalata: 4 h e 27'
Media: 15.8 km/h
Partenza: 8.15
Arrivo: 14.20

La strada per Sofia è moderatamente trafficata, perciò si consiglia una deviazione a destra all'altezza di Niška Banja. Per trovare lo sterrato che abbiamo scelto, con lo scopo di evitare l'arteria principale, abbiamo avuto qualche difficoltà di orientamento, causata dalla mancanza di segnaletica. Dopo Niška Banja bisogna chiedere informazioni, facendosi indicare la strada per Ploča. Anche se qualcuno ci dirà che la via è del tutto impraticabile per una bici, non bisogna spaventarsi. Il fondo stradale, fino al Passo di Ploča, a 585 m/slm, è di ghiaia libera, e quando la pendenza si avvicina al 10% le ruote slittano e bisogna scendere. Si farà un po' di fatica, ma niente di sovrumano, e in un paesaggio ricco di scorci pittoreschi. La discesa va affrontata con prudenza, perché anche se qui ci sono pietre fisse al posto della ghiaia libera, queste sono sporgenti e davvero insidiose. Si ritorna quindi sulla strada principale, e dopo 36 km facili in fondovalle, a fianco della ferrovia, si arriva a Pirot, finale di questa tappa tutto sommato non impegnativa, a parte il piccolo calvario del Passo di Ploča.

Zaječar
Šarbanovac
Metovnica
Vražogrnac
Veliki Izvor
Sumrakovac
Podgorac
Selište
Gamzigrad
Bogovina
Planinica
Jablanica
Boljevac
Vratarnica
Lenovac
Lukovo
Dobro Polje
Lasovo
Rtanj
Šiljak
Marinovac
Rujište
Bučje
Vrmdža
Soko Banja
Blendija
Čitluk
Cerovica
Bovan
Beli Potok
Knjaževac
Minićevo
Jelašnica
Radičevci
Aleksinac
Vrelo
Lalinac
Drajinac
Donja Kamenica
Tijovac
Svrljig
Beloinje
Peris
Vitanovac
Gornja Toponica
Kamenica
Orevac
Sićevo
Malča
Niš
Niška Banja
Selo
Krajkovac
Berbatovo
Gadžin Han
Malošište
Kočane
Pejkovac
Toplica
Donji Dušnik
Žitorada
Toponica
Brestovac
Dubovo
Pečenjevce
Kosančić
Stupnica
Ravna Dubrava
Orašac
Veliko Bonjince
Svođe
Leskovac
Dinjduša
Bojnik
Zlata
Caričin Grad
Bošnjace
Lebane
Vlasotince
Donja Lopušnja
Grdelica
Strojkovce
Oraovica
Ruplje
Brod
Crna Trava
Jabukovik
Runjkovac
Vina
Vučje
Predejane
Medveđa
Gagince
Lipovica
Džep
Južna Morava
Vladičin Han
Surdulica
Vlasina Rid
Vlasinsko jezero
Vlasina Okruglica
Golemo Selo
Marovac
Beliševo
Dekutince
Trstena
Drenovac
Kriva Feja
Gornja Lisina
Ajnovce
Markovo Kale
Vranje
Vranjska Banja
Bosilegrad
Božica
Klisura
Strezimirovci
Kalna
Tran
Ruj
Vukan
Stajčovci
Golemi vrah
Trekljano
Mureno
Zvonce
Iskrovci
Donja Nevlja
Vlasi
Raljin
Babušnica
Donji Striževac
Bežište
Divljana
Ponor
Šadikov Bunar
Bela Palanka
Crnoklište
Osmakova
Cerova
Kalna
Temska
Velika Lukanja
Zavojsko jezero
Topli Dol
Pirot
Poljska Ržana
Rsovci
Visočka Ržana
Dojkinci
Veliko Selo
Radejna
Prisjan
Dimitrovgrad
Ravno Bučje
Čiprovci
Čiprovska pl.
Babin nos
Nikolska pl.
Stakevci
Čuprene
Dolni Lom
Belogradčik
Rabiša
Novi Korito
Makreš
Rakovica
Magura
Gramada
Kula
Dunavci
Bojnica
Dimovo
Bela
Vodnjanci
Drenovec
Ružinci
Izvor
Arčar
Dobri Dol
Desa
Dunărea
Smirne
Crni Timok
Beli Timok
Bogovinska Pećina
D U N A V
S T A R A
J A
E75
E771
E80
E79
85
64
56
109
162

Si va in fuga dopo un'alba piena di camion, moscerini e rombo di discoteche, in cui Altan ha litigato con la doccia, io con il lenzuolo troppo corto ed Emilio con le zanzare. Le bici parcheggiate in camera scendono per una vertiginosa scala a chiocciola, davanti all'uomo della reception allibito. Sta lì, mentre la radio canta una canzone sul Kosovo perduto, dietro un bancone tappezzato di vecchie banconote sotto vetro che, con il loro numero vertiginoso di zeri, riassumono gli ultimi dieci anni di socialinflazionismo balcanico.

Ora la direzione è nuovamente est, un controsole perfetto che decolla su un rettilineo abbacinante, vuoto, verso una valletta piena di silenzio e cicale. Vi si arrampica una strada romana, i tamburi delle legioni ci chiamano. Un torrente canta sotto la strada, troviamo una fornace per il carbone a legna, le prime greggi in libertà e poi una fonte di pietra rossiccia, magnifica, con due ghirlande di fiori sui rubinetti. "Quei fiori," ci spiega un contadino che scende col carro a cavalli, "servono a propiziare la continuità del flusso. Estate e inverno."

Immergiamo la testa nella miracolosa corrente fresca. Poi la strada s'impenna sul serio. Altan ha il naso sul manubrio, la sua ombra lo segue, lunghissima nel mattino. Sull'asfalto noti anche le formiche, segno classico della lentezza e della fatica. Ma già comincia la terra battuta, la ghiaia e le pietre schizzano dalla ruota posteriore. Caldo boia, ma l'aria è fine, ci soccorre il vento di cresta, e la vista si spalanca sui monti della Bulgaria all'orizzonte. Sotto, la bella valle che porta al confine, larga, verde, di una dolcezza provenzale. Silenzio, ronzio di tafani, capre, e poi giù per lo sterrato che pare il greto di un fiume.

Di nuovo asfalto, i campi sono tagliati da una strada liscia, vellutata di pendenza lieve, lussuosa. La prendiamo veloci col vento in poppa, regolari, tra campi sempre meno abitati, in un diradarsi della vita che preannuncia il grande vuoto bulgaro. Un piccolo accelerato ci corre accanto, con le porte aperte: è ciò che resta del mitico Orient Express. Qualcuno ci ha parlato di questa contrada come di un luogo insicuro. Dobbiamo smentirlo. A Pirot, un paesone sulla strada del confine, la sera esplode una socialità da America Latina, una festa mobile rumorosa, orientale, fino alle prime ore del mattino. Sui monti, monasteri ortodossi splendidi e dimenticati.

Il paese è l'idealtipo del piccolo centro balcanico. È un luogo turco che pretende di non essere turco, e conserva, grazie a questa negazione esistenziale, quella speciale coabitazione fra la rilassatezza dell'Oriente e la bonomia che viene dalla cultura occidentale dell'alcol. "Pirot è un Oriente nostro," osserva Altan, "è il caravanserraglio con la birra, senza il tè alla menta." Lo vedi dal formicolare delle *mahale* (i vicoli), dai tappeti, dalle caffetterie aperte sulla Carsija, il vecchio mercato, dalle musiche ritmate con addosso la maledizione delle emigrazioni, dall'odore di grappa di prugne che impregna le panche e i tavoli delle taverne.

Al tramonto, dal quarto piano dell'albergo, senti crescere nel paese un rombo diffuso che durerà fino al mattino. Tutta la vita si riversa in strada, irradia un'energia che divora se stessa e talvolta implode con quell'imprevedibilità che fa dei Balcani i Balcani. "Bog!",

Dio!, urla un uomo con l'occhio da profeta puntando l'indice allo zenit. Sembra Elia, il folle che all'imbarcadero predice il destino del Pequod prima della caccia alla balena bianca. "Voi credete?" ci chiede a bruciapelo. Vedendoci esitare nella risposta scoppia a ridere e fa: "Neanch'io!". Forse noi tre estemporanei pellegrini gli sembriamo i Blues Brothers in missione per conto di Dio.

"Milošević? Finalmente è fuori dai coglioni" ci dice la gente. Ma ci avverte: "Quanti riciclati nel nuovo potere! Slobo paga per tutti. E chissà, forse, la fossa comune trovata per accusarlo è stata scavata apposta dai gattopardi del regime. Secondo gli esperti la terra smossa non ha due anni, ma solo sei mesi". Riecco l'illusionismo balcanico, la rivoluzione che non c'è, ecco la fossa comune di Timişoara, inventata nel 1989 solo per fucilare Ceausescu.

Il vialone si riempie di giovani. Gli adulti sono tutti al Bingo, il più triste Bingo del mondo. In una sala semibuia, stanno seduti in canottiera, senza una parola, a guardare il tabellone luminoso mentre una voce monotona, da stazione ferroviaria, scandisce i numeri come una litania gregoriana. Gli antipodi del Bingo iberico, con le famiglie a fare il tifo fino alle cinque del mattino. Emilio è catturato da una televisione locale, fa ridere tutti col suo serbo fai-da-te. Notte fonda. Dal buio della campagna emerge un proverbio turco. Lapidario, inimitabile. Dice: "I cani abbaiano, le carovane passano".

NESSUNO CI DERUBA, LA POLIZIA NON CHIEDE IL PIZZO, NIENTE AGGRESSIONI E I CANI NON MORDONO.
CHE FACCIANO APPOSTA PER CONFONDERCI LE IDEE?
ALTAN.

UNDICESIMA TAPPA: PIROT – SOFIA

Lunghezza: 93 km
Tempo effettivo di pedalata: 4 h e 20'
Media: 21.7 km/h
Partenza: 8.30
Arrivo: 15.40

La tappa, di media difficoltà a causa di una lunga salita, non presenta problemi di orientamento. La strada, dritta e piana, dopo il confine bulgaro inizia a decollare con una pendenza moderata, attorno al 3%. I 22 km di salita si affronteranno con rapporti medio-bassi, cui seguirà una veloce e altrettanto lunga discesa. La monotonia dell'andamento rettilineo della direttrice Pirot-Sofia e il sole, d'intensità meridionale, saranno compensati dallo scarso traffico, che diventerà fastidioso solo una quindicina di chilometri prima di arrivare nella capitale bulgara. L'orientamento, da qui in poi, s'invischierà per il ciclista nei caratteri esclusivamente cirillici della segnaletica stradale che trasformano ogni incrocio in un quiz. Un consiglio: prima di partire, fatevi un piccolo "autocorso" di alfabetizzazione.

Pirot
SOFIA
SOFIJA-GRAD
Montana
Bojčinovci
Krivodol
Vraca
Berkovica
Ciprovci
Vršec
Svoge
Kostinbrod
Novi Iskăr
Dimitrovgrad
Kalotina
Dragoman
Slivnica
Bankja
Breznik
Tran
Pernik
Radomir
Zemen
Kjustendil
Dupnica
Bosilegrad
Babušnica
Temska
Zvonce
Bankja
Pančarevo
Sapareva banja
Bobovdol
Boboševo
Kočerinovo
Rila
Palanka
VITOŠA
VRAČANSKI BALKAN
SOFIJA
Berkovska pl.
Čiprovska pl.
Vračanska planina
Golema planina
Koznica
Petrohanski prohod
Dragalevci
Simeonovo
Bistrica
Zavojsko jezero
jazovir Pčelina
Struma

Una volta tra Istanbul e Belgrado tuonavano i Tir. Oggi la strada sulla frontiera serbo-bulgara è un deserto sotto il sole. "Go east!", il rettilineo che va a est è interminabile, vuoto; pare la strada corsa da Forrest Gump attraverso la Monument Valley. "Bulgari? Buona gente, polizia mafiosa" ci dice un uomo a Dimitrovgrad, ultimo paese iugoslavo. E ancora: attenti alle bici, ve le rubano. E occhio ai randagi di Bucarest, amano i polpacci. All'ombra di un cavalcavia una decina di taxi aspetta i curdi in fuga verso occidente. "Go west!" è il grido del clandestino, e il nostro andare controcorrente pare un lusso da ricchi.

Confine enorme, totalitario, deserto. Corsie inutili, vasche inutili per la disinfezione delle ruote, parcheggi inutili, un esercito inutile di funzionari. Qui non passano che cani randagi. Ce ne sono a decine e si dividono in due tipi. Quelli miti, che guardano con speranza ogni raro passante in arrivo, e quelli che ringhiano ai medesimi per farsi benvolere dai guardiani in divisa. Per entrambi un tentativo inutile, perché passanti e guardie ignorano quel gran movimento canino, fatto di latrati e scodinzolii.

Il vento fa rotolare immondizie, sacchi di cellophane. È ciò che resta della spesa dei bulgari in Serbia. Ma il simbolo più sublime dell'abbandono della strada che fu dell'Orient Express è una donna con un camicione grigio, carcerario, che va trascinando sull'asfalto il suo quintale di peso e una scopa di saggina che par pesare altrettanto.

Si scollina sui monti della Stara Planina, la montagna antica, che poi fu chiamata Balcani e ora dà il nome alla polveriera d'Europa. Monti abbandonati, inverni duri e monasteri che celano il segreto di questo Sudest senza pace. Parte la discesa su Sofia, il paesaggio si rifà infuocato, Emilio va in fuga, diventa un puntino nelle praterie. Nella campagna l'uomo sparisce; a Dragoman – brutto paese dal nome perfetto per un libro di Tolkien – non c'è un chiosco con bibite, non un orto. Trionfano gli atroci edifici della collettivizzazione. E davanti a noi un rettifilo interminabile che annichilisce.

Altan pigia in silenzio. Istanbul, sei davvero un atto di fede, laggiù, in fondo al Mar di Marmara, con le tue cupole nella sera. Poi, Sofia sorge dal nulla con i grattacieli che non rivelano subito il suo cuore ottocentesco. I cani ci risparmiano, anzi sono buonissimi, Emilio annuncia: "Scriverò una lode dei cani bulgari". Un signore in bici ci affianca su un vialone solo per dirci che la sua italianissima Bianchi di era fascista va ancora, che è una meraviglia, altro che le bici sovietiche. Una donna, cui chiediamo un indirizzo, si paga un taxi solo per accompagnarci a destinazione, senza volere nulla in cambio.

Trilla il cellulare, è la segretaria dell'ambasciatore italiano, allarmata perché siamo in ritardo per l'appuntamento delle 18.00. Il nostro orologio segna solo le 17.25, scopriamo che è cambiato il fuso orario. Stentiamo a credere che le nostre bici abbiano rosicchiato un'ora al sole. Trascino con me da sua eccellenza l'uomo delle vignette, sapendo che non vi è nulla di più comico del nostro silenzioso compagno in un consesso salottiero formale, specie se con poltrone in circolo. Si agita, si guarda attorno, non vede l'ora di filare.

L'ambasciatore ci fa sedere appunto in circolo, fa portare lo spumante con le tartine al salmone e il pâté di olive, ci parla di Simeone, il re che volle farsi premier; e dell'ambasciata in restauro, la più prestigiosa di Sofia. Noi ci sentiamo sempre più alieni in questo mondo di moquette e pourparler. Di noi, l'uomo ben vestito dice "coraggiosi" ma forse pensa "matti". Della strada dice "lunghetta", ma sottintende che è disperatamente infinita.

A cena scopriamo che Sofia è due città in una: quella dei viali e quella dei vicoli. Nei primi rimane la polvere del comunismo, e lì il capitale multinazionale ha fatto il nido alla grande. Il comunismo sembra anzi la tabula rasa necessaria al dilagare del secondo. Nei vicoli laterali, invece, fermenta l'iniziativa vera, individuale, autoctona. Scopriamo Kyril, un bravissimo organizzatore di itinerari per viaggiatori esigenti; Ania, pallida e informatissima libraia antiquaria; un Internet Café con i tavolini all'aperto; un misterioso alberghetto gestito da un ebreo sefardita.

È come se vi si annidasse la resistenza ai totalitarismi: l'altroieri al nazismo, ieri al socialismo reale, oggi alla globalizzazione. E non è un caso che a Napoli come a Istanbul, a Vienna come a Bordeaux, spagnoli o levantini, i vicoli non siano mai piaciuti ai padroni del vapore. Nelle stradine di Sofia persino il clima è diverso. Brezza, ombra mediterranea, rifugi nella vampa del cemento. Parcheggiamo i cavalli, Altan se la gode, fuma il suo toscano in un bar, il vento gioca con la gonna della cameriera e quel fotogramma diventa il logo della nostra Sofia sulla via dei minareti.

FA FREDDO, PIOVE, SIETE RICCHI... PERCHÈ NON VI FERMATE IN UN ALBERGO? PERCHÈ?
DOBBIAMO PORTARE A ISTAMBUL IL BAMBINO CHE È IN NOI, SIGNORA.
VACCA BOIJA! CREDEVO CHE LEI MATTA, MA VOI ITALIJANI PEGGIO! DIO BONARDA! MAMMA MIA! MAREMMA... HA-HA-HA!
ZELENITSA h. 13.30
POVERO BAMBINO... E POI LO LASCIATE LÀ?
È SOLO UNA METAFORA, SIGNORA.
SPIEGAGLIELO.
IN BULGARO?
ADDÍO, DOLCE SIGNORA
ALTAN.

DODICESIMA TAPPA: SOFIA – RILSKI MANASTIR

Lunghezza: 141 km
Tempo effettivo di pedalata: 8 h e 10'
Media: 17.6 km/h
Partenza: 8.10
Arrivo: 17.40

Si tratta di una tappa impegnativa, con dislivelli e possibilità di pioggia, visto che sul Rila si concentrano le poche nubi estive della Bulgaria. Uscendo per la circonvallazione bisogna trovare e seguire l'indicazione per Bistrica, affrontando le rampe al 6%, che in 20 km di salita ci porteranno dai 500 m/slm di Sofia a quota 1300. La discesa ci condurrà a Železnica, da dove c'immetteremo nella strada che proviene da Samokov, girando a destra. Fino a questo punto il traffico è scarso, e i bar o i negozi dove poter fare rifornimento sono piuttosto rari. La strada che proviene da Samokov attraversa le belle gole del Klisura, e scendendo a 50 km/h ci si lascia dietro le spalle la temperatura pungente della montagna. Giunti a Doupnica, a quota 500, si svolta a sinistra, proseguendo fino a Kočerinovo. Qui, girando ancora a sinistra verso le montagne, si seguono le indicazioni per il monastero del Rila. Per raggiungerlo – ahimè – si dovrà risalire di nuovo fino a quota 1200. Una salita non dura, ma lunga ben 25 km (in finale di tappa sono molti!), che si farà perdonare per la bellezza del paesaggio e il costante rumore d'acqua. Dopo 141 km di saliscendi, alla vista del monastero è grande la tentazione di convertirsi alla chiesa ortodossa, fermandosi come monaci nell'antico chiostro dello splendido complesso architettonico. Se non lo farete, cercate almeno di non pentirvene domani, quando vi toccherà un'altra tappa severa.

SOFIA
Rilski Manastir
Sofija-Grad
Pernik
Radomir
Dupnica
Samokov
Blagoevgrad
Rila
Sapareva banja
Kocerinovo
Botevgrad
Kostinbrod
Novi Iskăr
Elin Pelin
Ihtiman
Razlog
Bansko
Simitli
Kresna
Delcevo
Berovo
Pehcevo
Vitoša
Pirin
Musala
Maljovica
Golema planina
Etropolska pl.
Dragoman
Slivnica
Godeč
Svoge
Breznik
Bankja
Pančarevo
Lozen
Vakarel
Borovec
Dolna banja
Jakoruda
Belica
Bobošovo
Nevestino
Konjavo
Bobovdol
Belčin
Železnica
Kovačevci
Gorni Okol
Jordankino
Pravec
Etropole
Novi han
Gabra
Dolni Kamarci

Hagi in turco vuol dire pellegrino, l'uomo che è stato alla Mecca. Andarci una volta nella vita è così importante che questo bisillabo è entrato in molti cognomi dell'Islam, dalla Bosnia all'Afghanistan. Pellegrini: anche noi lo siamo un po', facciamo il viaggio della nostra vita. Ma il pellegrino va, non devia, resta incollato allo stradone polveroso della fede dove milioni sono passati prima di lui. Ogni deviazione da quel fiume di storie lo inquieta. Così, quando i miei due allenatissimi compagni decidono di derogare dalla lentezza carovaniera e lasciare la strada per una complicata variante sui monti, li seguo con riluttanza.

Non è facile fuggire da Sofia. Pavé micidiali, interminabili, camion puzzolenti. Oggi, poi, comincia a piovere già alle prime rampette verso il Rila, un posto che somiglia all'Aspromonte, isolato e selvaggio, e che vuol dire più o meno "il luogo delle acque". Difatti l'acqua arriva, a torrenti; attorno alla cima, oltre i 2000 si condensa una corona di vapori nero inchiostro. Fuori Sofia, già sulle prime colline, è come se la capitale avesse prosciugato ogni presenza umana lasciando i villaggi sfiancati e popolati da anime morte. Passa nella pioggia una fila di donne e uomini in nero, portano ciascuno un piatto di cibo, e il piatto è coperto di stagnola. È un funerale, con le offerte per chi parte.

Betulle, pioggia battente, vapori dalle foreste. Dopo i

1200 metri comincia la discesa, le mani si gelano. A Železnica, dentro l'unico bar, cerchiamo un po' di tepore ma il luogo è minimale, zeppo di gente che mangia e beve. Non uno che alzi lo sguardo verso i visitatori. L'indifferenza è ostentata, totale. Le facce, di legno. Un legno grigio, da miseria. Lo segna un nerume carbonifero, entrato nelle rughe in profondità, spalmato attorno a occhi inespressivi, in mezzo a facce quasi andine, fisse come le teste di pietra dell'Isola di Pasqua.

Dicono che da questa montagna feroce venne Alessandro il Grande e vennero anche i pastori guerrieri dei Balcani. Oggi, tra Sofia e qui vivi un salto evolutivo di centinaia d'anni, come tra Sarajevo e i ribelli delle colline che la bombardarono. Il Rila è la riproduzione perfetta delle due antropologie che, collidendo, hanno distrutto la Iugoslavia.

Fuori, i tre uomini in fuga incappano in un camionista sui sessanta, uno dall'allegria esagerata che dalla Madonna a Dio e giù fino a mamma mia, elenca tutte le esclamazioni e le bestemmie italiane imparate in viaggio fra Trieste e Torino. Poi, dalla pioggia sbuca un fagotto nero: dentro c'è una donna, ma lo capisci solo dalla voce, bellissima, e dagli occhi profondi e turchini, in fondo a un labirinto di rughe. Dice: riparatevi, fa freddo. Non si dà pace, si agita, spiega che oltre c'è un albergo. Chissà che storia c'è in quest'anima bella e in questo corpo distrutto.

Smette di piovere, i boschi fumano, i prati profumano di menta, poi è lo stradone per Salonicco: un altro mondo ancora. Sui monti era l'abbandono della campagna. Qui è l'abbandono industriale. Da Doupnica in poi, le fabbriche sono monumenti alla ruggine. Sembrano in disuso, le capre brucano tra le lamiere, ma poi vedi una persona, una luce, e capisci che non è così. Quella fabbrica non è né morta né viva. È solo in agonia, da vent'anni.

Una fuga pianeggiante verso sud, poi è la salita terminale, ottocento metri penitenziali fino al Monastero di Ivan, lassù nelle foreste di conifere, in una gola di umidità peruviana, tra icone ammonitrici e ristoranti che invitano a restare. Sopra, a quota 2800, c'è la vetta del Rila, la madre di tutte le acque, la fontana sacra di Sofia, il luogo del Fauno. Ma poiché siamo nei Balcani e la Grecia è vicinissima, è anche la selva primordiale di Dioniso, dove gli dèi dell'ombra e dell'aldilà competono da sempre, in segreto, con quelli del sole e delle radure.

Ed ecco tra i torrenti, turrito, fantastico, popolato di logge e affreschi medievali, sbucare il monastero più famoso di Bulgaria. Quassù la "vera fede" trovò rifugio mentre l'Islam dilagava a valle col dominio ottomano. È un Monte Athos d'alta montagna, severo come la fortezza della fede raccontata da Umberto Eco nel *Nome della rosa*. Sulle mura interne, folle di oranti, dannati, santi e pellegrini creano un vortice di processioni attorno al Pantokrator, il Cristo-Dio potente dell'ortodossia. Poi scende una notte fredda, con sottofondo di note pastorali, tre o quattro al massimo. Litanie ancestrali che puoi sentire in Barbagia e in Egitto, in Alto Atlante o in Persia, fino alle pendici del Karakoram.

IL **PRIMO MINARETO**!
UN'EMOZIONE CHE NESSUN **TURCO** POTRA' MAI PROVARE.
I MINARETI GLI ESCONO DAGLI OCCHI.

TREDICESIMA TAPPA:
RILSKI MANASTIR – VELINGRAD

Lunghezza: 164 km
Tempo effettivo di pedalata: 8 h e 54'
Media: 18.6 km/h
Partenza: 8.40
Arrivo: 20.10

Si ripercorre la strada fatta nella tappa precedente fino alla principale Bulgaria-Grecia, dove si gira a sinistra verso Blagoevgrad, immettendosi in un bel traffico di auto dagli scarichi non precisamente a norma. Da qui inizia la salita per Razlog, a sinistra, che raggiungeremo dopo aver scollinato a 1200 m/slm. Dopo questa non bella cittadina, attraverseremo in sequenza i paesi di Banya e Jakoruda, in un paesaggio naturale e umano interessante. Ma la salita, che continua di valle in valle, di cima in cima, sembra non terminare mai, se si eccettua qualche lieve perdita di quota, che poi comunque si dovrà recuperare. Il dislivello totale sarà di 1100 m circa, e la picchiata velocissima su Velingrad, resa insidiosa dalla sabbia sulla strada, ci ripagherà della bella sudata. Da qui in avanti, il nemico numero uno sarà il caldo.

Rilski Manastir
Velingrad
SOFIJA
SOFIJA-GRAD
Elin Pelin
Novi han
Vakarel
Lozen
Pančarevo
Dragalevci
Simeonovo
Bistrica
Černi vrah
VITOŠA
Kladnica
Železnica
Studena
Gorni Okol
Kovačevci
Ihtiman
Momin prohod
Kostenec
Dolna banja
Samokov
Raduil
Borovec
Belčin
SOFIJA
Dolna Dikanja
Sapareva banja
Godevarci
Dupnica
Musala
2925
2729
Maljovica
Rila
Bistrica
Bodrost
Blagoevgrad
Zelendol
Samkovo
2716
Jakoruda
Belica
Razlog
Predel pr.
Gradevo
Simitli
Krupnik
Banja
Bansko
Dobrinište
Elešnica
Jundola
Ratikovo
Graševo
Goljama Sjutkja
Pobit Kamak
Beslet
Sărmica
Filipovo
Ribnovo
Kovačevica
Vihren
PIRIN
Begovica
Breznica
Goce Delčev
Dăbnica
Ablanica
Kresna
Strumjani
Mikrevo
Sandanski
ROŽENSKI MANASTIR
Melnik
Liljanovo
Popski preslap
Laki
Koprivlen
Nova Lovča
Petrovo
Katunci
Goleševo
Gocev vrah
Petric
Novo Selo
Parvomaj
Gega
Kărnalovo
Marikostinovo
Promahónas
Neo Petritsi
Sidirókastro
Ori Vrondous
Káto Nevrokópi
Exohí
Perithório
Káto Vrondou
Ano Vrondou
Lailiás
Mikrópoli
Pehčevo
Berovo
Kadijca
Oborište
Poibrene
Panagjurište
Banja
Muhovo
Lesičovo
Elšica
Belovo
Septemvri
Sestrimo
Varvara
Čaira
jaz. Belmeken
Dorkovo
Bratija
Kamarci
Golema Rakovika
Gabra
Živkovo
jazovir Iskăr
Iskăr
Struma
Mesta
Marica
E80
E79
E871
A1

Un trenino con motrice rosso kodak che scollina fischiando a quota 1300 nella luce radente della sera. Tre ciclisti che salgono in mezzo a betulle, cuscini di erica al vento; prati meticolosamente rasati come tappeti; donne che falciano con grembiuli gialli e blu; bimbi che vendono fragole e mirtilli ai bordi della strada. Su tutto, il respiro fresco della foresta di montagna. Svizzera? Canada? Norvegia? No, perché nel paesaggio c'è un'anomalia: i minareti. Siamo in un'Austria con le moschee al posto delle chiese con campanile a cipolla. Un'Austria strana, che si chiama Bulgaria, nel suo angolo più remoto. A sud di Sofia, fra tre grandi montagne: il Rila, i Rodopi e il Pirin. È il mondo della minoranza turca. Il suo nome è dolce: Prevala.

Per arrivarci è la tappa della vita, un tappone di montagna di 164 chilometri con oltre 1500 metri di dislivello più parecchi saliscendi minori. La bici, questa nostra macchina dei pensieri che penetra nel segreto dei mondi e smantella i luoghi comuni, ci ha fatto attraversare in un giorno solitudini claustrali bizantine, desertificazioni industriali sovietiche, richiami di frescura mediterranea, infuocati valichi messicani, solitudini alpestri incontaminate, un Islam recondito e già anatolico, i ruderi tipo ex Germania Est del turismo pianificato di massa. Un viaggio nel viaggio, una corsa in bilico fra mondi, in fuga per un giorno dalla grande direttrice per l'Asia, che già chiama dal Mar di Marmara.

Duro staccarsi al mattino dal monastero sui monti del Rila. Tornare a valle vuol dire 40 gradi all'ombra; Altan riempie scientificamente le borracce, passa per l'ultima volta, con lentezza scaramantica, il torrente, il ponticello e il chiostro, poi si tuffa verso la fornace, su Blagoevgrad e oltre, con alla destra i monti della Macedonia in guerra, e davanti la valle del fiume Struma che scende verso la Grecia e invita a fuggire verso l'Egeo.

Il mare è lì, a un giorno appena. Ci tenta con i nomi dell'estate mediterranea: souvlahia, Cicladi, kalamaria, retsina, meltemi. Basterebbe tirare un po' per farci un bagno stasera davanti all'Isola di Tarso. Ma noi no, restiamo testardi nel grande nulla della devastazione quinquennale post-stalinista, in un deserto reso ancor più folle da un'autostrada appena costruita con i soldi dell'Unione europea: venti chilometri di doppia corsia e uno spreco americano di lampioni. Filiamo solitari nelle due corsie ancora da aprire. Chiediamo a una donna, perplessa, di fotografarci in posa sulla mezzeria.

Riattacca la salita, montagna bulgara maledetta non avrai il mio scalpo; fa caldo, grande silenzio, un torrente fra i rovi invita a pediluvi impossibili. Di qua non passa nessuno, neanche i tedeschi, che pure vanno dappertutto. Mi sfiora l'idea che qui non vengano nemmeno i bulgari. Checco ed Emilio vi odio, qui non c'è niente da vedere, la sgobbata si riduce alla sua negativa quintessenza. In cima al colle cinque-sei chioschi da Terzo mondo, solo la frittata è squisita.

Sembra una storia di Steinbeck, con corriere stravaganti, tortillas e fagioli. Da una Trabant esce un panzone in tenuta Germania Est – canotta, ciabatte, braghe da ginnastica – e una donna in abito lungo, trasparente, azzurro, da fatina. Poi, accanto a noi si ferma una Mercedes, ma è un carro da morto, vi sbuca una famiglia in gita. Ormai, penso alla Bosnia come a una pacchia. Chissà, forse è questo che Costantinopoli vuole da noi.

Divaghiamo tra i monti finché la gola di un fiume si apre, ed è la sorpresa dei primi minareti in terra ortodossa. Paesi puliti, appartati, campi di tabacco, essiccatoi, mandrie. Le donne non salutano più, tengono gli occhi bassi, sono loro il segreto – leggi la forza lavoro, o forse le schiave – di quest'isola di delizia. Stanno sedute a gruppi sotto gli alberi più grandi, immerse in mille lavori, con abiti coloratissimi, quasi berberi. Non è terra di trebbiatrici ma di orti, e la valle non è una campagna ma un giardino. Canali nell'erba all'inglese, terrazzamenti. L'abbandono comunista è come se non fosse mai salito quassù.

A un bar due ragazze – quelle al bancone – finalmente ci guardano, una ci sorride con la tenerezza di Shahrāzād. Si vola nell'aria fine, le ombre si allungano, battono la strada. Siamo in un vortice di valli, valli che ingannano. Quando ti pare di essere al passo, la strada devia, cerca un altro passo più alto, e poi un altro ancora. Compro fragole e mirtilli, un saluto e via, finalmente si scende a valle, con un tuffo di ottocento metri. Domani si riprende la strada d'Oriente.

LA SALITA E' BELLA PERCHE' DOPO C'E' LA DISCESA.
COME LA VITA, CHE DOPO C'E' L'ALDILA'.

QUATTORDICESIMA TAPPA: VELINGRAD – PLOVDIV

Lunghezza: 100 km
Tempo effettivo di pedalata: 5 h e 22'
Media: 17.8 km/h
Partenza: 8.20
Arrivo: 16.10

Emozioni termiche e saliscendi impegnativi caratterizzano questa tappa. Dopo alcuni chilometri di pianura, si arriva a Ratikovo, da dove si prosegue in salita fino al Lago di Batak, a quota 1100. Si continua costeggiando il lago, girando a sinistra, lungo una strada di macadam, seguendo le indicazioni per Peštera. Quando abbandoniamo il lago, la strada riprende a salire in mezzo ai pini fino a 1300 m/slm circa. Fa quasi freddo, ma un'altra discesa ci riporterà in poche decine di minuti a temperature da Mediterraneo nordafricano, nella cittadina di Peštera. Dopo i paesi di Isperihovo e Stambolijski il traffico aumenta progressivamente. E gli automobilisti di Plovdiv, meno precisi di quelli di Sofia, regaleranno al ciclista distratto qualche brivido non necessario.

Velingrad
PLOVDIV
Etropole
Trojanski prohod
Trojanska planina
BALKAN
Botev
Kaloferska planina
Zlatiško Tetevenska pl.
Vežen
Kărnare
Karlovo
Kalofer
Pavel b
Zlatica
Pirdop
Klisura
Rozino
Sopot
Mirkovo
Koprivštica
ROSOVA DOLINA
Bogdan
Banja
Domljan
Hisarja
Sveženo
Bratija
Starosel
Sărnegor
Strelča
Krasnovo
Staro Železare
Begovo
Oborište
Panagjurište
Poibrene
Banja
jazovir Pjasăčnik
Popinci
Dragomir
Ljuben
Răževo Konare
Kalojanovo
Muhovo
Dolno Levski
Rakovski
Lesičovo
Elšica
Ovčepolci
Kalugerovo
Săedinenie
Kalekovec
Strjama
Černogorovo
Trud
Kostenec
Topolnica
Malo Konare
A1
E80
Marica
Calapica
Septemvri
Pazardžik
Sadovo
Sestrimo
Belovo
Lozen
Stambolijski
Novo selo
Varvara
Boljare
Čaira
Părvenec
Kuklen
Gălăbovo
Asenovgrad
Dorkovo
Peštera
Kričim
Peruštica
Kostandovo
Bracigovo
Bačkovo
Bjala čerkva
Jundola
Ratikovo
jaz. Batak
PLOVDIV
BAČKOVSKI MANASTIR
Narečenski bani
Batak
Ravnogor
Lilkovo
Hvojna
Laki
Graševo
Goljama Sjutkja
Fotinovo
Mihalkovo
Goljam Persenk
Čukura
Selča
Batăška planina
Zabărdo
jaz. Vasil Kolarov
Čepelare
Prespa
Pobit Kamak
Devin
jaz. Široka poljana
Beslet
Široka lăka
Pamporovo
Momčilovci
Sărnica
RODOPI
SREDNI RODOPI
Filipovo
Borino
jazovir Dospat
Mugla
Goljam Perelik
Smoljan
Ustovo
Ribnovo
Kovačevica
Dospat
Barutin
Trigrad
Rudozem
Satovča
Goce Delčev
Dăbnica
Ablanica
Mesta
Smiljan
Arda
Koprivlen
Dytiki Rodopi
ΔΥΤΙΚΗ ΡΟΔΟΠΗ
Godeševo
Beslen
Skaloti
ΣΚΑΛΩΤΗ
Dipotama
ΔΙΠΟΤΑΜΑ
Koula
ΚΟΥΛΑ
Lăki
Mikromilia
ΜΙΚΡΟΜΗΛΙΑ
Nova Lovča
Exohí ΕΞΟΧΗ

"Qua se cucca." Comincia così, un mattino, con una frase che fulmina il silenzio del nostro caffè in un viale alberato di Velingrad, la Abano dei bulgari, il nostro incontro con i connazionali da combattimento – generalmente veneti, generalmente cinquantenni, iperattivi e con in testa una cosa soltanto – che esportano a Est il verbo del capitale. Cerchi di portare il discorso sull'export del Nordest, ma è inutile, loro vogliono comunicarti che scopano.

"Sa, qua il bello sono le donne" spiega un tipo di Padova, energetico e simpatico, del tipo "lavoro-trombo, tertium non datur". Se sorridi complice sei perduto. E difatti il nostro subito spiega ad Altan esterrefatto: "Vedi, uno come me e te, oltre i cinquanta, qua si cucca diciottenni alla grande". Da Bratislava ai confini della Turchia si somigliano tutti, i nostri ragazzi in trasferta. In Bulgaria come in Romania, il loro pedigree riproduce fedelmente la topografia del Nordest. Cittadella, Arzignano, Pordenone. Dieci anni fa arrivarono gli squali. Oggi è rimasta la gente seria. Ma la voglia matta è rimasta la stessa.

Si parte, Emilio Cavallo Pazzo ci rifila un'altra allungatoia con salita – "l'ultima, ve lo giuro" – per arrivare a Plovdiv. Ci molla alla prima rampa, io e Altan arranchiamo col rapporto leggero, anche uno zingaro sdentato ci umilia superandoci con un ghigno a bordo di un velocipede anteguerra senza rapporti. Ci sono salite brevi e orribili. Questa lo è. In più è percorsa da carri a cavallo e i cavalli, si sa, la fanno. Dio mio, quanta ne fanno. La salita è uno slalom tra cacche, cacchette e caccole di ogni tipo. Ma in cima tutto cambia, c'è un grande lago scozzese, vento, erica, praterie.

Rodopi, monti straordinari, dove la resistenza al turco fu più fiera. Eppure, qui si annida anche l'Islam più mistico e misterioso. Franco Rocchetta, padre nobile del federalismo veneto, mi parlò un giorno dei Deli Orman, i monti matti, con i fedeli che si appartano nei boschi, e dei Kizil Bash, le teste rosse, anche loro una setta sulle montagne. Costeggiamo il lago, tra mandrie all'abbeverata, fino al chilometro 1616, punto della prima, storica foratura del viaggio. Ed è di nuovo salita, una salita sadica, invisibile sulla nostra carta a 550 mila.

Poi è davvero l'atterraggio, quasi mille metri di discesa tra buche fino alla grande diagonale Plovdiv-Edirne-Istanbul. In venti minuti è come passare dalla brughiera irlandese alla vampa libica. Caldo, sete, il silenzio cala sul gruppetto, il bollettino delle comunicazioni tra noi si riduce a domande secche. Quanto siamo saliti, quanti chilometri finora, quant'acqua abbiamo ancora. La crocifissione del ciclista, in posti simili, può essere anche un dislivello di ottanta metri, come la strada che taglia il valico tra due collinette desertiche, senza un albero, ma più bestiali del Mont Ventoux. Poi tornano i frutteti, il verde, ci butteremmo sotto il primo platano come dei clochard, a dormire in attesa della notte. Vendite di pesche, ma la birra ormai giganteggia nel desiderio. Ed è Plovdiv, in fondo al rettilineo, con le sue collinette e in cima la più straordinaria città vecchia dei Balcani.

Bruno Fabricci, un triestino che fa torrefazioni in Bulgaria, ci porta la sera sui vecchi selciati, tra le antiche case turche in legno, assieme alla sua compagna

Marina. Su una delle colline c'è una statua enorme del soldato sovietico. Qualche pasdaran aveva proposto di sostituirla con una maxi bottiglia di Coca-Cola visibile da Sofia a Edirne. Ha vinto il buonsenso, ma noi ci vendichiamo egualmente della Coca-Cola con una cena iperbulgara, a base di carne infilzata da spade invece che da spiedini, e maneggiate sul fuoco da cameriere in mini da vertigine. Quando Milošević era in ascesa, se ne mangiavano di simili a Belgrado. Una variante era "la spada fiammeggiante dei fratelli Jugović". Era un'allusione macabra e revanscista insieme: ricordava una famiglia fatta impalare dai turchi.

Dall'alto della città vecchia la pianura si dilata, diventa una nebulosa di luci; sopra il teatro romano si accende l'Orsa Maggiore; parlottare di giovani, musica rock, grilli. Altan è stanco e felice. In cento metri qui c'è tutta la storia dei Balcani. La moschea, la chiesa ortodossa, il cimitero turco, il circo romano interrato per metà sotto la strada pedonale, le belle architetture primo Novecento. Dopo la terza birra, cominci a sentire che anche questo non è un Altrove. È cosa nostra. Europa.

ROAD TO **HARMANLIS** SOLE BULGARO

QUINDICESIMA TAPPA: PLOVDIV – HARMANLI

Lunghezza: 132 km
Tempo effettivo di pedalata: 7 h e 22'
Media: 17.8 km/h
Partenza: 7.40
Arrivo: 18.00

Si imbocca il rettilineo per Asenovgrad, che si lascia sulla destra, per dirigersi verso Parvomaj, che si raggiunge dopo un po' di ondulazioni non impegnative e dopo aver attraversato la principale Sofia-Istanbul. Da Parvomaj si prende la secondaria, molto dissestata, per Karadzhalovo e Yabulkovo, borghi non citati sulla carta. Adesso, in direzione di Gorski Izvor, e fino alla fine della tappa, la pedalata si fa impegnativa per i saliscendi piuttosto sfiancanti, e per la temperatura tropicale. Oltrepassando Dimitrovgrad si prosegue per Haskovo. Da qui ci si immette di nuovo nella superstrada, molto trafficata, che ci porterà fino ad Harmanli, per l'ultima notte in Bulgaria.

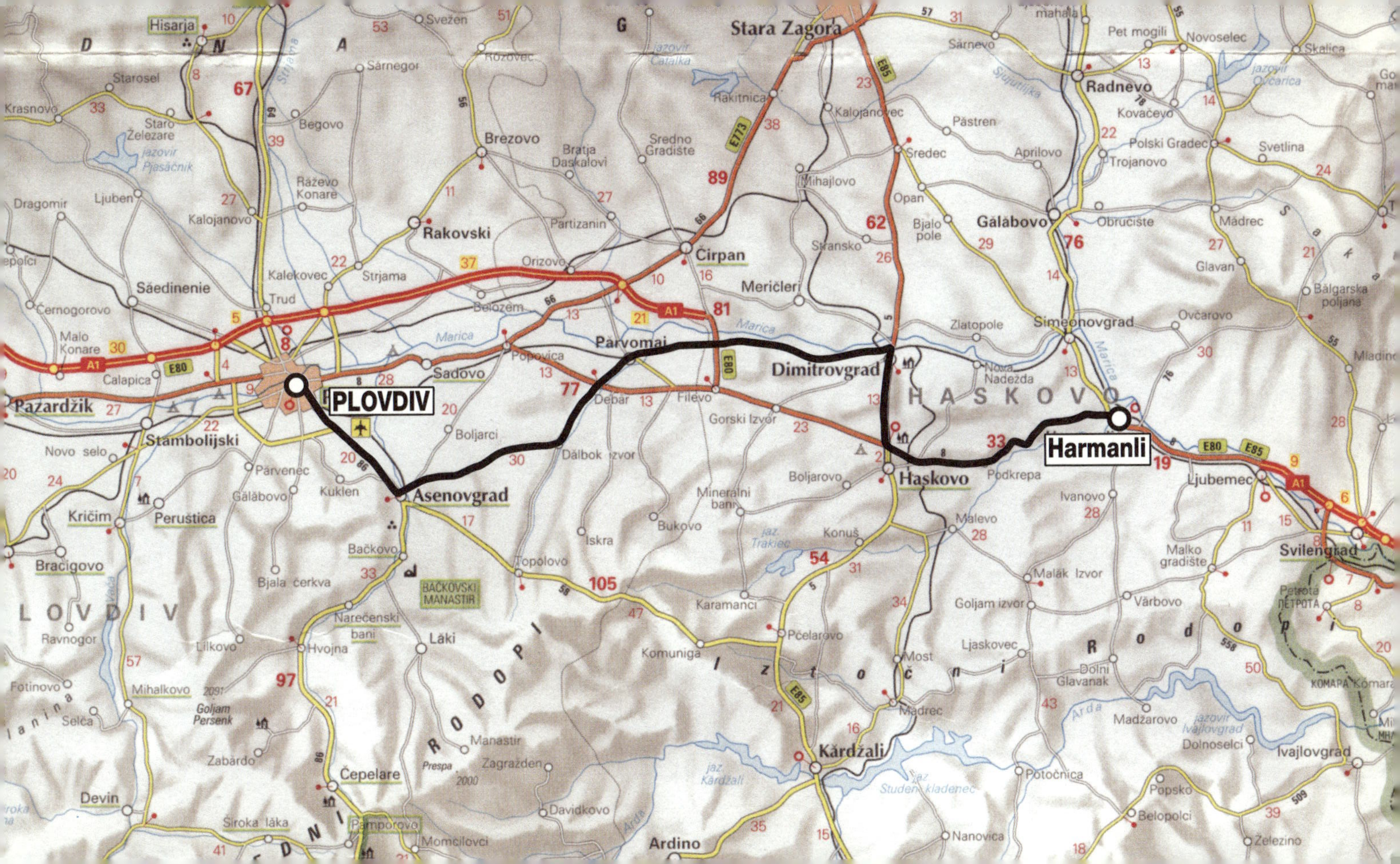

PLOVDIV
Harmanli
Haskovo
Dimitrovgrad
Parvomai
Asenovgrad
Stara Zagora
Čirpan
Gălăbovo
Radnevo
Simeonovgrad
Svilengrad
Ljubemec
Kărdžali
Ardino
Čepelare
Pamporovo
Devin
Kričim
Peruštica
Stambolijski
Pazardžik
Hisarja
Rakovski
Brezovo
Săedinenie
Bačkovo
Băčkovski manastir
Laki
Momčilovgrad
Ivajlovgrad
Sadovo
Popovica
Filevo
Merićleri
Kalojanovec
Belopolci
Popsko
Mineralni bani
Marica
E80
E85
E773
A1

"Bizmilahir Rahmanir Rahim", incomincio col nome di Dio. La giornata più rovente parte nel silenzio dell'alba, col primo verso del *Derviscio e la morte*, il romanzo del bosniaco Mesa Selimovic, mormorato per strade deserte di Plovdiv. Finisce a Harmanli, a quaranta chilometri dalla Turchia, con una trasfigurazione, quando mi accorgo che i miei due compagni sono diversi da come li ho visti al mattino. Magri, allucinati, mummificati. Ma la parola giusta è: liofilizzati. Bevono, ma bere non basta. È come se, solo buttandoli in acqua, potessero riacquistare le dimensioni, la consistenza e le fattezze originali.

Il caldo umido ti sfianca; quello secco ti cucina dentro, ti arrostisce. La Turchia si avvicina e il tuo corpo che attraversa i Balcani subisce l'ultima metamorfosi. Col sole alto, il caldo supera i 40 gradi all'ombra, roba africana. Di mangiare non se ne parla. Pedalando non puoi fare altro che bere. Ma le soste sono ridotte al minimo, quanto basta per riempire le borracce. Ha ragione Emilio: se ti fermi, è come la storia di Achille e della tartaruga. Dopo ogni sosta vai meno lontano. Finché esali le forze residue nell'ultimo bar, e non ti muovi più.

All'inizio, le nostre partenze comportavano rituali infiniti. Due ore almeno, di cui quindici minuti dedicati al corpo e un'ora e più alla bicicletta. Pulizia delle catene, ingrassatura, pressione delle gomme. Eravamo cosacchi; più attaccati al cavallo che alla persona. Alla fine del viaggio sentiamo il risucchio dell'arrivo, la carovana si sveglia rapidamente, fa in fretta prima che il sole la schianti. Anche le nostre cavalcature, diventate cammelli, reclamano meno attenzioni.

Col sole allo zenit l'ombra scompare, il viaggio si smaterializza, entri in una dimensione metafisica. Sogni una birra, quella cosa gialla, fresca con la schiuma solida. Un bagno, un tuffo, un lavacro di birra. I miraggi di frescura chiamano da tutte le parti. Giorni fa siamo passati per un paese chiamato Pivnica, birreria. Un altro si chiamava Yabuka, mela. Poi Jagodina, che in slavo fa pensare a *jagoda*, fragola. È incredibile quanto beve un ciclista, più di un cavallo. Fino all'arrivo berremo almeno cento litri a testa. Il peso nostro, delle bici e delle sacche messi insieme.

La tappa è di pianura, in una conca ardente. Sulla destra, i monti più misteriosi del paese: i Rodopi. È il mondo misterioso di Valja Balkanski, la cantante che è la voce stessa della Bulgaria. Ci racconta al telefono Moni Ovadia, che è nato a Plovdiv: "La voce di Valja è stata mandata nello spazio, per spiegare agli alieni la cultura della Terra". Ci dice dello stupefacente Festival di Rozen, un posto dove ogni due anni si radunano ottomila esecutori popolari e centinaia di migliaia di spettatori. "Ho sentito centosettanta zampogne suonare insieme, un brivido. Poi le note della *gadulka*, la viola da gamba che produce armonici con corde da simpatia." E avverte: "Attenti, siete in un luogo mitico. Qui sono nate tra le più belle musiche tradizionali del mondo".

Tafani, saliscendi controvento. Si traversa un paese di nome Primo Maggio. È grigio, cadente, socialista, ma le donne sono bellissime, portano i tacchi alti. È incredibile cosa sanno fare le bulgare con i tacchi a spillo sulle strade più orribili. Par di essere a Modena di domenica, per la festa dell'Unità. Ormai siamo installati in uno spazio atemporale, non sappiamo se siamo in viaggio da tre giorni o tre mesi. Il film si srotola, illumina i fotogrammi della fortezza di Petrovaradin a Novi Sad, i villaggi sulla Sava simili a quelli di Kandinskij, le locande di Niš.

Torna in mente una vecchia canzone bosniaca, parla di una cotogna gialla, un frutto che simboleggia una cosa rara e impossibile, che un fidanzato deve cercare in Turchia per la sua bella malata. Guarirò, gli dice lei, se mi porterai una *dunja* gialla da Istanbul. Ma il viaggio non finisce mai, lui tornerà solo dopo tre anni, in tempo per vedere la sua donna nel feretro. Allora canterà: "Vi do duecento soldi se la mettete giù, e altri duecento se le togliete il coperchio perché la possa baciare ancora una volta".

Malinconie balcaniche. In questa maledetta penisola non ho mai sentito una canzone allegra. Domani è la Turchia, e la sera si beve l'ultima *rakija*, ultimo alcol forte prima dell'Islam. È un brandy di prugne, stavolta è davvero buono, ha uno straordinario retrogusto di mela verde. Due donne ballano da sole su un palchetto, il ritmo è pazzesco, fatichi a seguire i loro passi. In quei piedi c'è tutto. La Grecia, il Danubio, il Grande Oriente, la maledizione dei Balcani.

ECCO IL MIO PASSAPORTO **ITALIANO**.
NON SI VANTI E VADA AVANTI.
CONFINE TURCO 1° CHECK
MI HA GIÀ CONTROLLATO IL SUO COLLEGA.
E CHI SI FIDA DI QUELLO?
2° CONTROLLO
ANCHE LEI NON SI FIDA?
MI FIDO. MA LUI HA I BAFFI E IO NO. VADA A FAR IL **VISTO**.
TERZO!
ECCO IL VISTO.
LO VEDO. MI VUOL PRENDERE PEL CULO? **PASSI**.
5 DOLLARI ↗
MA LEI MI HA CONTROLLATO GIÀ UN'ORA FA!
NON MI FIDO DI ME, SONO **UMANO**.
COME UN ARBITRO
MA **PERCHÈ**?
FILTRO, SENÒ CHI-UNQUE DICE: FACCIO UN SALTO IN TURCHIA!
IN BICI, MAGARI!

SEDICESIMA TAPPA: HARMANLI – EDIRNE

Lunghezza: 66 km
Tempo effettivo di pedalata: 3 h
Media: 22 km/h
Partenza: 7.00
Arrivo: 13.00

Questa tappa e quelle successive non presentano problemi di orientamento. La strada, generalmente buona anche se a tratti un po' granulosa, prosegue fino a Istanbul dritta come una meteora. I dislivelli non sono molto accentuati ma continui: quindi in queste ultime tappe, per affrontare i ripetuti saliscendi della Tracia turca, si useranno rapporti medi e medio-lunghi. L'unica vera difficoltà di questi 66 km odierni è data dallo snervante e burocratico confine turco. Una volta in Turchia, dopo un breve tratto di autostrada, si imbocca, svoltando a destra, la strada secondaria che ci porta fino a Edirne.

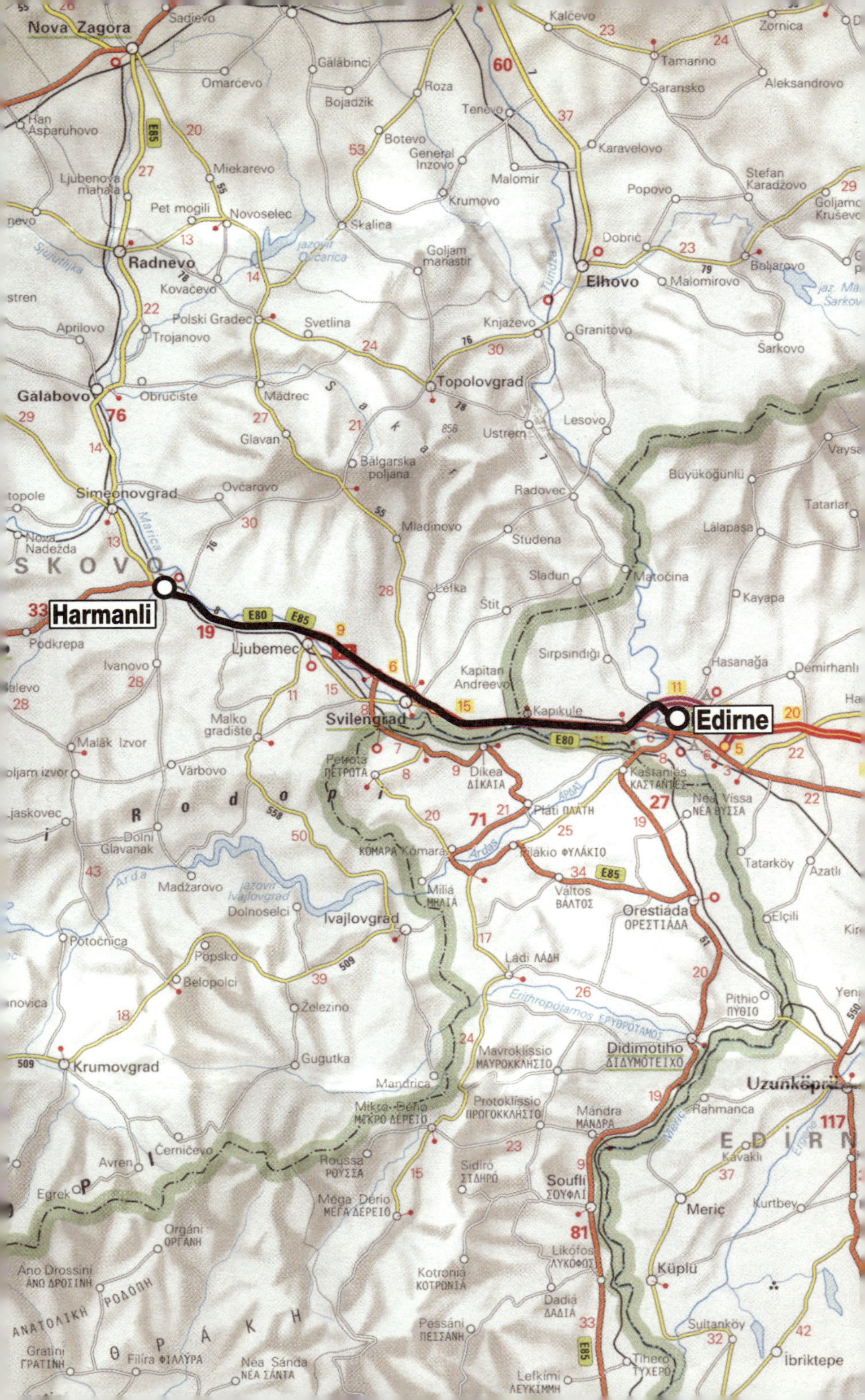

Nova Zagora
Sadievo
Gălăbinci
Kalčevo
Zornica
Tamarino
Omarčevo
Roza
Bojadžik
Tenevo
Saransko
Aleksandrovo
Han Asparuhovo
Botevo
General Inzovo
Karavelovo
Miekarevo
Malomir
Stefan Karadžovo
Ljubenova mahala
Popovo
Goljamo Kruševo
Pet mogili
Novoselec
Krumovo
Skalica
Dobrič
Radnevo
jazovir Ovčarica
Goljam manastir
Boljarovo
Kovačevo
Elhovo
Malomirovo
Tundža
Polski Gradec
Svetlina
Knjaževo
Granitovo
Aprilovo
Trojanovo
Šarkovo
Gălăbovo
Obručište
Mădrec
Topolovgrad
Sakar
Lesovo
Glavan
Ustrem
Bălgarska poljana
Büyükoğünlü
Vaysal
Simeonovgrad
Ovčarovo
Radovec
Tatarlar
Marica
Mladinovo
Lalapaşa
Studena
Nova Nadežda
Sladun
Matočina
Kayapa
Harmanli
Lefka
Štit
Podkrepa
Ljubemec
Sırpsındığı
Hasanağa
Demirhanlı
Ivanovo
Kapitan Andreevo
Kapıkule
Edirne
Malko gradište
Svilengrad
Malăk Izvor
Petrota ΠΕΤΡΩΤΑ
Dikea ΔΙΚΑΙΑ
Kastanies ΚΑΣΤΑΝΙΕΣ
Nea Vissa ΝΕΑ ΒΥΣΣΑ
Vărbovo
Rodopi
Plati ΠΛΑΤΗ
Dolni Glavanak
Komara ΚΟΜΑΡΑ
Fılákio ΦΥΛΑΚΙΟ
Tatarköy
Azatlı
Arda
Madžarovo
jazovir Ivajlovgrad
Milià ΜΗΛΙΑ
Valtos ΒΑΛΤΟΣ
Orestiada ΟΡΕΣΤΙΑΔΑ
Dolnoselci
Elçili
Ivajlovgrad
Potočnica
Popsko
Ladi ΛΑΔΗ
Belopolci
Erithropótamos ΕΡΥΘΡΟΠΟΤΑΜΟΣ
Pithio ΠΥΘΙΟ
Železino
Mavroklissio ΜΑΥΡΟΚΚΛΗΣΙΟ
Didimotiho ΔΙΔΥΜΟΤΕΙΧΟ
Krumovgrad
Gugutka
Mandrica
Uzunköprü
Protoklissio ΠΡΩΤΟΚΚΛΗΣΙΟ
Mikro Derio ΜΙΚΡΟ ΔΕΡΕΙΟ
Mandra ΜΑΝΔΡΑ
Rahmanca
Černičevo
Roussa ΡΟΥΣΣΑ
Sidiro ΣΙΔΗΡΩ
Kavaklı
Avren
Egrek
Mega Derio ΜΕΓΑ ΔΕΡΕΙΟ
Soufli ΣΟΥΦΛΙ
Meriç
Kurtbey
Orgáni ΟΡΓΑΝΗ
Likófos ΛΥΚΟΦΟΣ
Ano Drossini ΑΝΩ ΔΡΟΣΙΝΗ
ΡΟΔΟΠΗ
Kotronia ΚΟΤΡΩΝΙΑ
Küplü
Dadia ΔΑΔΙΑ
ΑΝΑΤΟΛΙΚΗ ΘΡΑΚΗ
Pessani ΠΕΣΣΑΝΗ
Sultanköy
Gratini ΓΡΑΤΙΝΗ
Filira ΦΙΛΛΥΡΑ
Nea Santa ΝΕΑ ΣΑΝΤΑ
Lefkimi ΛΕΥΚΙΜΜΗ
Tihero ΤΥΧΕΡΟ
İbriktepe
E80
E85

Alba rossa, fresca, desertica. Poi, a oriente si deposita uno strato di foschia lattea, finché tutto il cielo perde colore, diventa un lago bianco, abbacinante come uno specchio ustorio. È lì che andiamo, a Edirne, Turchia. Fin sotto i minareti della più grande moschea del mondo. Una tappa breve, per raccogliere le forze e filare domani fino al Mar di Marmara, se Dio vuole. Per strada c'è già movimento di frontiera. Polvere, randagi, venditori di cianfrusaglie, camionisti fermi al caffè, Mercedes con strani faccendieri che vanno e vengono, affittano suite con aria condizionata, ostentano belle e tristissime manze locali.

Cerchiamo da mangiare a gesti. Qui non sanno nessuna lingua straniera, la Bulgaria non è la Iugoslavia, dove anche i bambini parlano un po' d'inglese. Nel vederci entrare per un breakfast, una donna affranta, incollata alla televisione già alle sette del mattino in fondo a una locanda vuota, solleva la testa con fatica infinita, guarda con sublime disprezzo i tre in mutande, poi si mette la testa fra le mani. Frühstück, petit-déjeuner, dorucak, colazione. Niente da fare.

Si fila velocissimi come su un piano inclinato, compare la scritta Istanbul, la strada assume il suo senso inevitabile. Si moltiplicano le locande con il nome Saraj, serraglio, compaiono chioschi di meloni e angurie, le narici captano profumi nuovi, finocchietto, stoppie bruciate, fichi. "Liquirizia!" comunica Altan dal fondo del plotoncino. Il viaggio è anche questo, un inventario di odori. La Slovenia sapeva di abeti, la Croazia di tiglio, la Serbia di fieno. Una cicogna ci sorvola, fa un centinaio di metri con noi, è bassissima, vola senza sforzo alcuno.

Il confine è all'orizzonte, una grande croce in cima a un colle segna i confini della cristianità, ma proprio quando l'Oriente arriva la latitudine sembra avvitarsi su se stessa. Si accentuano i segnali dell'Occidente. Distributori luccicanti, flottiglie di grosse cilindrate con gli emigranti che tornano a casa per le ferie dalla Germania, alberghetti col prezzo in marchi. Ma soprattutto finisce il cirillico, torna finalmente l'alfabeto latino. Poche cose eguagliano la disperazione di un ciclista affamato di fronte a un menu in cirillico corsivo, per giunta bulgaro. "Cirillici si nasce," scherza Emilio, "diventarlo è un casino." Ai bivi, la lettura dei cartelli stradali è talvolta così ardua che, quando arrivi a metà parola, la bici è ormai oltre e sbagli strada.

Alle dieci del mattino è già frontiera, ma entrare in Turchia è un affare serio. Sette controlli di passaporto. Sette: più qui in un chilometro, che nei milleottocento già fatti dall'Italia. I turchi in transito si sottopongono con straordinaria remissività agli ordini secchi della loro onnipotente polizia. Soprattutto gli emigranti, ricchi e quindi sottoposti a particolari sevizie burocratiche.

Con gli agenti turchi non devi mai sorridere. Se ti dimostri tranquillo si irritano perché li sminuisci. Ma se vai lì a muso duro, con gli occhiali neri da combattimento, s'incazzano ancor di più perché li sfidi.

Allora devi assumere un atteggiamento di mezzo. Come i sudditi turchi, anche tu impari a mostrare docilmente le giugulari al cane dominante. Sette controlli sette, sotto la spada fiammeggiante di Allah. E lì, davanti a un funzionario che ti guarda con infinita distanza, capisci davvero che non basta il comunismo a spiegare il fatalismo balcanico. Abbiamo attraversato l'Est, entriamo in Oriente, ma solo ora tutto si ricompone.

Addio verde Bulgaria, oltre i girasoli già luccica controluce la moschea di Selim; Edirne ci accoglie con succo di mandarino, frescura, pergolati e brezza di paradiso, e il muezzin che gracchia dal minareto l'orazione dell'una e mezza. Un Oriente calmo, ordinato, con tutti i suoi profumi, ma senza aggressività. Francesco trova insegne col suo nome: Altan radioterapista, panettiere, avvocato. Un carretto a motore passa per la strada principale con tre suonatori alla Bregovič che fanno più casino di un'orchestra intera. Dietro, orde di bambini, poi la Mercedes nera degli sposi. Con lei in bianco, serissima, dentro.

In un delizioso alberghetto assistiamo all'ultima stupefacente metamorfosi dei camerieri durante questa traversata danubiano-balcanica. Freddi quelli sloveni, alteri quelli croati, protervi e con un'aria di perenne rimprovero quelli serbi. Affranti, quasi terrorizzati di sbagliare, quelli bulgari. Ora entrano in scena i camerieri turchi. Frenetici, pronti a cogliere anche i tuoi desideri inespressi. Cena con gabbiani in volo, su una terrazza alta sul formicolare della città. Una sera orientale, gialla e azzurrina, invade l'ultimo lembo d'Europa.

SERVITI DEL MIO GSM E CHIAMA LA TUA CASA NELLA LONTANA UKRAINA, AMICO LEONID!
GRAZIE, MA NELLA MIA CASA NELLA LONTANA UKRAINA NON ABBIAMO IL TELEFONO.
ALTAN.

DICIASSETTESIMA TAPPA: EDIRNE – CORLU

Lunghezza: 126 km
Tempo effettivo di pedalata: 6 h 53'
Media: 18.4 km/h
Partenza: 6.00
Arrivo: 14.30

Poco da dire su questa tappa, ondulata e monotona come tutta l'ultima parte del viaggio. La strada ha un buon fondo e la corsia di emergenza si può utilizzare come una sicura pista ciclabile. Questo toboga rettilineo ha dislivelli di 30-60 m, continui e implacabili. Si possono usare rapporti leggeri in salita, mentre nelle discese è meglio lasciarsi andare per far riposare le gambe, risparmiandole per l'ultima tappa. Il traffico è abbastanza intenso, specialmente avvicinandosi a Corlu.

Edirne
Çorlu
Lüleburgaz
Babaeski
Havsa
Kırklareli
Tekirdağ
Uzunköprü
Hayrabolu
Muratlı
Çerkezköy
Saray
Vize
Pınarhisar
Pehlivanköy
Marmaraereğli
Kapıkule
Orestiada
Didimotiho
Soufli
TR
K I R K L A R E L İ
T E K İ R D A Ğ
E D İ R N E

Sole a picco; saliscendi come un'onda oceanica, da mal di mare; la Tracia ventosa, desertica, e quell'andare in bilico sulla bisettrice fra Mar Nero e Mediterraneo. È lì, in mezzo al nulla, che a un tratto lo vedo, lontano, un chilometro davanti a noi. Pare un ciclista, ma non può essere, no, è troppo carico per non avere un motore. La camicia gli svolazza, sembra Ariele, lo spiritello della *Tempesta* di Shakespeare, sprigiona accelerazioni anomale e raggiungerlo è un'impresa, perché corre come un matto. Gli arrivo dietro, è davvero un ciclista, il più stupefacente mai incontrato. Il primo in questo viaggio per duri, e lui è il più duro di tutti.

Lo studio prima che mi veda. Il basto avrà venti chili, è fatto in casa, ha sopra la tenda arrotolata e dietro due enormi bottiglioni pieni. Sulla sacca di sinistra uno stellone sovietico, su quella di destra la scritta: "Cittadini del mondo". Una pancetta impiegatizia, l'antitesi del fitness e, sopra, una camicia gonfia d'aria, una barba argentata, un fazzoletto annodato su quattro lati in modo da costruire un turbante fuori ordinanza. La bici è senza rapporti, il deragliatore pende inutile senza la catena. Pazzesco. Lo acchiappo, lo fermo, voglio sapere chi sia questo Dersu Uzala che va per le grandi pianure.

Il più incredibile viaggiatore su ruote del pianeta è il minatore in pensione Leonid Vladimirovic Kravčuk. È ucraino, ha 55 anni, e il professor Romano Prodi, ciclista e presidente dell'Unione, dovrebbe dargli il visto ad honorem per fargli fare l'unico viaggio che non ha mai fatto nello spazio eurasiatico, le terre dei ricchi, quelle dell'Unione. Il suo sellino – anzi la sua sella – è in pelle d'orso. Sotto la stanga, un contenitore di carte geografiche e quadernoni di appunti pesante da solo come tutto il nostro carico. Viene da Lugansk, un posto noto, forse non a caso, per le più potenti locomotive del mondo. Ogni anno dall'86 fa un viaggio di due mesi. Ha percorso la Siberia, i Monti Altai, l'Afghanistan. Quest'anno fa il giro del Mar Nero e della Turchia.

Dorme dove capita, alza la tenda in mezzo ai campi, si prepara un minestrone, dorme come una pietra, poi lo svegliano le greggi. Ci guarda con gli occhi tranquilli, color dell'acqua. È chiaro, è lui il Mahatma, il guru. "Un cosacco vero" mormora Altan con reverenza. Un nomade della steppa, che subito ci fa sentire strani, con le nostre tecnologie, l'affusto superleggero, il molleggio sotto le chiappe e il manubrio carenato. Lo invitiamo a pranzo perché ci racconti le sue avventure. Viva Leonid, il tuo viaggio umilia i culetti color fucsia imbottiti di chimica; dice che la bici, boia d'un mondo, è un'altra cosa.

Che tappa, quella che ci porta sulle soglie del Mar di Marmara, da Edirne a Corlu, centotrenta chilometri quasi rettilinei in fuga dal giaguaro, il sole africano che ti toglie l'anima, ti succhia la linfa, ti spegne i pensieri, trasforma il tuo cavallo in cammello, in una cosa che va col ritmo dell'assenza. La giornata precedente è stata solo una preparazione di questo grande salto iniziatico attraverso la fornace, la Turchia europea. Preparazione meticolosa del cibo, tanta frutta, litri di bevande, zucchero, sali. Sveglia alle cinque, per acchiappare per la coda il fresco della notte. Poi, la partenza con l'aurora, quando la moschea di Edirne, avvolta da un pulviscolo dorato, diventa quasi immateriale.

Alle due del pomeriggio abbiamo già fatto centoventi

chilometri, ma il giaguaro ci cattura, picchia, abbacina. La terra si deforma, i camion ti sfiorano, i rumori aumentano, il viaggio è come un tunnel a vento, una lotta controcorrente con un gigantesco asciugacapelli che ti riduce a cartapecora. La Tracia è come un campo d'aviazione, deserto e senza alberi. Nel giallo bruciato, l'unico colore vivo, qua e là, è il rosso della Coca-Cola e del McDonald's. Se potessero, quei due, denuncerebbero anche i papaveri per concorrenza sleale. Il rosso multinazionale uccide tutto. La cotogna giallo oro della canzone, preziosa come la lampada di Aladino, era lì a portata di mano, ma ora sembra allontanarsi.

A Corlu scopriamo che la Turchia è un paese che ignora la siesta. Tra le due e le tre del pomeriggio l'agitazione entra appena nel parossismo, la città formicola, nessuno si riposa all'ombra come in Spagna o in Grecia. La reattività della gente è infinitamente superiore a quella bulgara, ma c'è una confusione da formicaio, dove solo la penombra ti soccorre, il caffè, la moschea, il pergolato, la sera desertica che scende con le stelle dell'Orsa. Altan ci ha ritratti in caricatura, dietro una cartolina; si parla del Brasile, di altri viaggi. È un modo per combattere quel senso della fine che si è già insinuato silenziosamente tra di noi.

* MELENSA CANZONE TURCA

UOMINI INDURITI

ALTAN.

DICIOTTESIMA TAPPA: CORLU – ISTANBUL

Lunghezza: 116 km
Tempo effettivo di pedalata: 6 h 20'
Media: 18.01 km/h
Partenza: 6.30
Arrivo: 15.05

Come in tutte le ultime tappe si parte di buon'ora. La corsia di emergenza termina dopo 30 km da Corlu, obbligando il ciclista a una maggiore attenzione. Le ondulazioni continuano, ma meno accentuate di ieri, e permettono di pedalare più sciolti, con cambi leggeri in salita e affondi nelle discese. Il traffico, inesistente se si ha l'accortezza quasi obbligatoria di partire all'alba, aumenta fino a diventare un vero pericolo, specialmente dopo il 70° km. Se i camionisti, abituati alle strade d'Europa, hanno un po' di pietà dei ciclisti, automobili e bus rendono la pedalata pericolosa e stressante. I saliscendi, che continuano sino alla fine, verranno dimenticati per la preoccupazione di non farsi affrescare sull'asfalto da qualche veicolo. La storia tecnica di questa parte finale dell'ultima tappa si riassume in tre parole: non farsi investire. Il consiglio dell'equipaggio è quindi il seguente: fate gli ultimi chilometri in taxi o con un altro mezzo pubblico, perché questo è davvero il tratto più pericoloso – secondo noi l'unico – di tutto il viaggio. Finalmente, al 2114° km dalla partenza, l'arrivo al ponte di Galata.

ISTANBUL
Corlu
İSTANBUL
İRDAĞ
MARMARA DENİZİ
Tekirdağ
Saray
Çerkezköy
Çatalca
Silivri
Selimpaşa
Kumburgaz
Büyük Çekmece
Küçük Çekmece
Esenyurt
Gürpınar
Bakırköy
Yeşilköy
İstanbul Boğazı
Sarıyer
Yeniköy
Beykoz
Anadoluhisarı
Üsküdar
Kemerburgaz
Arnavutköy
Erenköy
Kartal
Maltepe
Pendik
Tuzla
Büyükada
KIZIL ADALAR
Yalova
Çınarcık
Armutlu
Gemlik
Gemlik Körfezi
Mudanya
Orhangaz
İMRALI ADASI
MARMARA ADASI
Marmaraereğlisi
Sultanköy
Yeniçiftlik
Seymen
Çeltik
Sinekli
İnceğiz
Kestanelik
Yassıören
Durusu
Akpınar
Ağaçlı
Kilyos
Barbaros
Kayı
Maksutlu
Marmaracık
Ulaş
Vakıflar
Beyazköy
Kadıköy
Büyükyoncalı
Kapaklı
Hallaçlı
Gümüşpınar
Aydınlar
Boyalık
Kayabaşı
Habipler
E80

"Oggi alle ore 13.00, alla testa delle truppe vittoriose, siamo entrati in Bisanzio." Avremmo telegrafato anche noi come Badoglio a Mussolini da Addis Abeba. Ma la Turchia non è l'Etiopia e Istanbul non è una città in cui si entra. Per chi viene dai Balcani, Istanbul è un ragno che ti cattura, è un animale lungo sessanta chilometri, e in quei sessanta chilometri si imbottiglia – senza offrire alternative ai viaggiatori leggeri – tutto il traffico fra due continenti, un formicaio di diciotto milioni di abitanti, un Niagara di auto e camion che tuona in un unico canyon rovente tra case, fabbriche, alberghi e condomini.

Se qualcuno rifarà questo viaggio, non torni su questa strada. Passi più a nord, verso il Mar Nero. Qui è il delirio. La tangenziale di Mestre nell'ora di punta non è niente al confronto. Lì le auto vanno a passo d'uomo, e la bici può andare in sorpasso senza rischi. Qui, invece, sono strade turche, con sopra turchi che guidano alla turca. Peggio di Caracas, Bogotá, Città del Messico. Che errore passare di qua. È una corrida senza pause, senza regole, senza segnaletica né mezzerie, senza precedenze o convenzioni di Ginevra. La strada decolla controluce, splende come piombo fuso in una fornace, i camion formano un fiume che sale e ti risucchia. Emilio grida qualcosa, ma non lo sentiamo tale è il frastuono. Asfalto deformato, immondizie, orrori edilizi, clacson. Cocci di vetro lungo tutto il guardrail, ma gli stiamo incollati, perché forare è il rischio minore.

Pericolosi i Balcani? Attenti ai serbi? Balle. Schizziamo più adrenalina qui che in tutti i duemila chilometri di viaggio attraverso le terre della grande instabilità europea. "Allah Akhbar!" mormora Altan, ma neanche il dio del Profeta ci soccorre in questo pandemonio. Del resto dovevamo immaginarlo. Costantinopoli è sempre stata imprendibile via terra. Per conquistarla, devi andar per mare.

Dopo l'aeroporto si respira, devii per la costiera, il canyon diventa viale alberato, si plana sul Mar di Marmara, ecco le mura bizantine. Una deficiente mi taglia la strada venendo da dietro, mi dà un colpo con la portiera, ma la sento in anticipo: la caduta è da manuale, neanche un graffio. Ancora dieci chilometri, odore di pane, di pesce azzurro, di dolciastro e di salmastro insieme. Le narici si dilatano, fiutano come un bracco l'aria nuova. "Thálassa thálassa", il mare il mare, gridò l'armata del greco Senofonte quando vide il blu, al termine della traversata invernale dell'Anatolia. Per la prima volta ci rendiamo conto di essere stati tanto a lungo senza mare, anche se oggi il mare somiglia a una pozza esangue, anemica nella foschia.

Spuntano le guglie della Moschea Blu, ormai è fatta, ma non sentiamo nessun orgoglio da prestazione. La bici è diventata per noi la normalità dell'andare. Sentiamo solo rabbia per la follia motorizzata, per la sopraffazione della macchina sull'uomo. L'Asia esce dalle brume, andirivieni di navi da e per il Bosforo, gruppi di delfini viaggiano in formazione sotto costa verso il Mar Nero, propongono già nuovi orizzonti da esplorare.

Santa Sofia, pesante come una fortezza, poi il ponte di Galata, sovraccarico di folla agli imbarcaderi dei traghetti. Emilio lancia i guanti da bicicletta nell'acqua del Corno d'Oro. Strette di mano, fotografie. Ma la conclusione sacramentale è una sola. La birra. Tutti d'accordo: ha da essere imperiale, indimenticabile, sensuale, il paradigma del desiderio. E allora non bastano duemila chilometri pedalati, non basta il giaguaro rovente sulla Tracia, i monti bulgari maledetti e nemmeno la Geenna di questo ingresso a Metropolis. Serve una sete vera. Così ci compriamo un panino proletario con dentro lo sgombro alla piastra e il peperoncino dal barcone di Genç Osman, lì sotto il sole di Galata. Facciamo come i siciliani che, quando non piove, infilano una sarda salata in bocca alla statua del santo protettore, perché – assetandosi – si sbrighi a scatenare temporali.

Un'ora dopo siamo lì, in mutande, nelle nostre stanze d'albergo, a guardarci allo specchio le ginocchia torrefatte e a dirci che è finita, domani non si riparte, le sacche non si rifanno, il cavallo resta nelle scuderie a far biada. Siamo increduli: non di essere arrivati fin lì, ma di non dover ripartire. Al nomadismo ci si adatta all'istante, per tornar sedentari ci vuole tempo. La tv mostra Berlusconi in blazer, col sorriso di chi ha più denti dei comuni mortali, e allora capisci che è finita davvero.

Con Nil Cerrahoglu, brava corsivista del "Cumhuriyet", la "Repubblica" della Turchia, ceniamo su una terrazza di Cihangir, con vista totale sulla città e le luci dell'Anatolia. Sopra la Moschea Blu, illuminata di giallo, c'è un vortice soprannaturale di gabbiani, i sei minareti sono missili puntati contro il nero-blu compatto del novilunio. L'adrenalina cala sotto zero, subentra una quiete totale. Vogliamo dormire, ma non per riposare. È solo per sognare. Sognando, almeno, il viaggio continua.

La Grande Diagonale e Alien che non c'è

Agosto 2001, un mese dopo

Scende la sera sulla valle dell'Indo, frontiera del Nordovest. La sera è desertica, il fiume himalaiano non la rinfresca. Dopo duemila chilometri di rapide, lo senti che tuona dentro la gola, morde la muraglia dell'Hindukush, picchia contro le fondamenta dell'ultimo Ottomila, il Nanga Parbat, dio delle nevi sopra la grande sete. Il fuoco di un bivacco illumina uno strapiombo con una scritta in caratteri arabi. Inneggia al 141° battaglione dell'armata pakistana, gli uomini in divisa kaki che sorvegliano lo stradone da Islamabad al confine cinese. Attorno a quel fuoco un gruppo di camionisti mangia in silenzio *chapati* e montone.

L'Afghanistan è solo cinquanta chilometri a ovest, la radio porta notizie di piccole avanguardie di profughi in arrivo dal Kyber Pass e attraverso i monti di Chitral. Si vocifera anche di disordini a sudest, in Nepal, e di ammazzamenti fra musulmani e truppe indiane in una regione vicinissima, lo Jammu. Eppure, nulla guasta la rilassatezza di questa sera stellata, popolata di fuochi e ombre che vanno. Mancano tre settimane all'olocausto delle Torri Gemelle, solo tre settimane all'inizio del Grande Disordine. Ma oggi, sotto la grande Luna dell'Indo, mi invade un ordine sconosciuto.

Tutto è finito da un mese appena, ma quella fantastica diagonale da Trieste a Istanbul, quei duemila chilometri in bilico su due ruote sono già usciti dal tempo per fissarsi nella memoria in ogni minimo dettaglio. È stato come se una montagna di oggetti accatastati alla rinfusa non solo venisse allineata sugli scaffali, ma anche si disponesse spontaneamente in modo da costruire un disegno preciso.

Oggi me ne accorgo. Quel viaggio leggero ha ordinato tutte le esperienze precedenti, dando loro un senso nuovo. Dormire ogni notte in un posto diverso mi ha regalato stabilità interiore. Ridurre a due sacche tutte le mie cose è diventato un comfort impareggiabile. Andare con lentezza, anziché caricarmi d'ansia, ha costretto una calma sconosciuta a immigrare in me. Allontanarmi dal mio mondo mi ha conciliato con me se stesso, facendomi sentire a casa.

Con un gesto fra la magia e lo scongiuro, gli uomini attorno al fuoco indicano l'ombra delle montagne. Pare che lassù l'uomo ricercato dal mondo intero si muovesse come a casa, fuori dal suo rifugio armato oltre frontiera, intorno a Kandahar, città dei talebani. Ma Bin Laden è un'ombra già lontana. Qui di notte c'è un passaggio che non risente delle guerre. Contrabbandieri, predoni, profughi, mercanti di armi e di oppio, emissari dei clan del Sudovest. I camionisti fingono di ignorare quel traffico clandestino, si preparano per la notte sul fiume col rito di sempre. L'abluzione sull'orlo della cascata, la preghiera, la coperta, i letti di corda sotto una tettoia. Il posto e l'ora giusta per sentire storie e rimettere in moto la macchina dei pensieri.

Non c'è birra in Islam. Figurarsi qui, tra i montanari del Nordovest. La sera, il montone speziato ti accende la voglia del suo lampo giallo, dell'oro freddo che ti penetra. Un mese fa, davanti a quella birra del desiderio, con

Francesco ed Emilio ci dicevamo ogni sera la stessa cosa: "Vedrete, domani si entra in territorio comanche. Domani infallibilmente comincia l'Altro Mondo". Invece niente. Anche il giorno dopo ci sentivamo a casa. Niente pericoli, niente ostilità. Anche nella Serbia maledetta, nella Bulgaria dei lupi o tra i minareti extracomunitari, tutto ci era dannatamente familiare. Ogni volta Alien ci sfuggiva.

Ci è sfuggito fino alla fine, ritirandosi come le armate russe davanti a Napoleone. E così, accanto al ponte di Galata, all'imbarcadero per l'Asia, nessuno di noi aveva ancora trovato l'Altrove.

Oggi rieccomi a Oriente, sotto un'altra Luna, lungo un altro Danubio, alla ricerca di un altro Islam, in un'altra terra di pastori-guerrieri che ha inghiottito eserciti e imperi. Eppure, anche qui, alle porte del Karakoram, degli spazi nomadi dell'Asia Centrale e del Turkestan cinese, mi sento a casa. Passano altri solitari viaggiatori su due ruote – svizzeri, americani, inglesi, francesi – gruppetti con sacche enormi in fuga verso la Cina. Anche loro sono rapiti dall'accoglienza dei montanari d'Oriente, dal loro modo di intrattenere il tempo, dal "no problem" e dal gusto della lentezza. Non è facile collegare la fama guerriera di queste genti con la rilassatezza di queste notti passate come a casa propria, tra uomini capaci della stessa gestualità e dello stesso linguaggio.

Ma di colpo, in quel bivacco accanto al lampo bianco di una cascata, la linea rossa così a lungo cercata finalmente appariva. Stava lassù a nord, al culmine della strada, in fondo all'Indo e al suo affluente Hunza, oltre i 4700 metri del Passo Kundjerab, ai confini della Cina. Là dove i dirupi del Karakoram diventano gli altopiani del Pamir, c'era quello che avevo cercato inutilmente fino a Istanbul: l'ultima frontiera. Lì moriva il mio Oriente e iniziava un altro pianeta. E lì, a quattromila chilometri dal Bosforo, finalmente Alien si mostrava.

Alien non era il turco, non era il cosacco e nemmeno l'iraniano del Caucaso. Sbucava già lì, alla prima casermetta di confine. Era uno qualsiasi degli omini a orologeria che marciavano al ritmo di musichette infantili. Era l'operosità frenetica che improvvisamente sostituiva la lentezza. Era la simmetria e l'enigma, la sottomissione ai timbri di una burocrazia lontana e inaccessibile che rimpiazzava la fratellanza; la durezza utilitaristica del rapporto col viaggiatore, l'irritante indifferenza del plurimillenario impero verso i mondi altrui. Era la polizia aggrappata all'ora di Pechino anche lassù, alle ultime periferie occidentali della Terra di mezzo. Era quell'alzarsi a notte fonda, ostentatamente ignorando le albe color pesca, i tramonti e persino il tempo degli orologi locali.

Alien non era l'Islam, ma l'uomo con gli occhi a mandorla. Brusco e sedentario, accumulatore e iperattivo, ripetitivo e totalmente impenetrabile. Sigillato nel suo mondo.

Il vento scuote la tenda, fuori il Nanga Parbat è inondato dalla Luna. Gli uomini col berretto di lana da mujaheddin preparano il tè, offrono allo straniero focacce di pane e *sanchil*, un'erba di montagna dal sapore di zucchina. Tutto quadra come in un presagio. Forse gli ayatollah e i sacerdoti delle fedi ci spingeranno a sfiancarci in un conflitto di civiltà. Ma se accadrà, sarà uno scontro tra fratelli, dunque uno scontro suicida. Cristiani, islamici, ebrei. Guerre sante contro guerre giuste. E alla fine di tutto spunterà proprio lui, Alien. Un miliardo di alieni dal sorriso indecifrabile sbucheranno da oriente e compreranno i nostri rottami a prezzo di stralcio.

Non mi interessano i viaggi a occidente. Da sempre, per me, l'Altrove sta dalla parte del sole che sorge. È undici fusi orari di mondo slavo, è la steppa e il cammello. È Oriente, metafora di vita e morte, cifra della furia e insieme della lentezza, luogo del dolore e al tempo stesso attrazione fatale. Istanbul era indispensabile a comprendere tutto questo. L'ho intuito, la prima volta, in quello straordinario punto d'incontro che è Sarajevo. Oggi sull'Indo sento la nostalgia di quella fantastica città nel cuore dei Balcani. Posto unico al mondo. Boschi svizzeri e caffè turco. Minareti e rock music, minigonne e muezzin, kebab e buon vino, abluzioni e salsicce speziate. Una complessità troppo difficile per questo mondo che globalizza e semplifica. Forse per questo l'abbiamo lasciata distruggere.

Sarajevo è attraversata da un fiume che arriva da oriente. Si chiama Miljacka, esce dalle montagne dove un giorno il nemico ha piazzato il suo quartier generale e guidato il tiro dei mortai. L'Oriente, ti dicono gli abitanti del posto guardando la gola che porta al villaggio di Pale, è la fonte dell'acqua e quindi della vita. Da lì arriva il sole ed è arrivata la fede. Ma da quella direzione, ogni volta, arriva anche la guerra e la morte. Ma che c'è da quella parte? C'è Costantinopoli, il luogo della sintesi, il fulcro millenario dove tutto acquistava senso e le contraddizioni si scioglievano. È cresciuta così la mia urgenza di rapportarmi all'Islam di casa in modo nuovo, senza ombre di superiorità coloniale. Collegando la mia Mitteleuropa alle cupole del Corno d'Oro con un viaggio "diverso", che riassumesse i rischi e le ricchezze dell'incontro fra Occidente e Oriente.

In Macedonia, come in Bulgaria, si canta ancora la struggente dolcezza del partire per la guerra. Qui, sul confine afghano, è la stessa cosa. Identica fratellanza tra uomini, identico esibizionismo delle armi. Simile l'ansia frustrata di spazio, l'ostilità nomade per i sedentari e la modernità, il senso ciclico del destino. Ritrovi le Alpi Dinariche, i Balcani, i Rodopi, l'Anatolia, il Caucaso. Senti che anche in questo il Pakistan è la continuazione della Diagonale del Sudest. Sei sulla stessa maledetta faglia sismica, sulla medesima colonna vertebrale. Sulle rocce cresce persino la stessa erba profumata. Si chiama artemisia, e segna col suo nome tutto l'arcano mondo lunare dei pastori-guerrieri che fa da cintura all'Eurasia. Dalle Alpi sino agli ultimi confini del Tibet.

In un bar sotto la strada un gruppo di maschi guarda ipnotizzato la tv indiana, l'unica che lasci intravedere ombelichi. Per le donne dell'Islam è l'ora del coprifuoco totale e, in loro assenza, gli uomini esprimono un'esplosiva e primordiale allegria. Nel buio senti da lontano il ronzio dei generatori. Strano, pensi. Il Pakistan ha la bomba atomica; dunque avrà pure un impianto idroelettrico. Invece no, nella valle della sete le cateratte dell'Indo rombano con mostruosa e inutile potenza. È un Danubio che vortica un'acqua grigia, minerale, violenta.

Oggi, a un mese di distanza, mi accorgo che quel nostro viaggio su due ruote è stato anche un atto politico. Attraversare luoghi appena usciti da guerre non con una grossa cilindrata ma col mezzo più vulnerabile era un modo per dire agli italiani: l'Oriente non è la terra degli orchi, non sta altrove. Fa parte del nostro mondo, della nostra Europa, e deve uscire dalle nostre semplificazioni di comodo. Mostrarsi per quello che è. Non soltanto una sentina per le nostre bombe; uno spazio di clandestini in fuga; luogo di terrorismo, tensioni e pregiudizi; topografia di guerre e rancori.

Ma questo viaggio è stato, anche, un modo semplice per ricostruire, sul quadrante più difficile, un immaginario geopolitico attorno a questo mio paese ripiegato su se medesimo, incapace di sentire i suoi interessi nazionali e persino di avvertire l'eccezionalità della sua posizione in mezzo al Mediterraneo. E non basta: le due ruote sono state anche lo strumento per rileggere il territorio nelle sue differenze, penetrare i luoghi, incontrare la gente. Una macchina che buca i network, sbugiarda i duty free, viaggia contro la corrente del globale.

La strada racconta. La notte, sulle rive dell'Indo, il vento accende un gran tintinnio nelle piazzole di sosta e sui greti dei torrenti. Sono gli amuleti in metallo e le catene scaramantiche dei camion fermi per il lavaggio, la cena o la preghiera del crepuscolo. In questo mondo in transito il luogo comunitario per eccellenza non è la piazza, l'agorà mediterranea, ma la strada. La strada è il luogo dove tutto diventa visibile: l'immaginario e la superstizione, le relazioni umane e le ostentazioni sociali. La strada è lo stomaco della società. Ne offre uno spaccato perfetto.

Credo che per "entrare" nei luoghi il giornalista debba ascoltare la strada, cioè le voci deboli, distanti dai riflettori dei media. Per farlo bene, deve accettare alcune regole di comportamento. Primo: sparire, mescolandosi alla gente se possibile fingendo di non essere giornalista. Secondo: condividere, cioè dare qualcosa di suo – anche un semplice racconto – per trasformare l'intervista in un rapporto di scambio. Terzo: viaggiare lentamente per attraversare le periferie del mondo minore. Solo così saprà avvertire le mutazioni lunghe e non farsi sorprendere dai deragliamenti improvvisi della modernità.

La vecchia bicicletta consente tutto questo. Essa è dunque uno straordinario strumento di reportage. Ti immerge nel contesto, ignorato da questo giornalismo cieco, fatto solo di primi piani. È anche una macchina dei pensieri, che offre al tuo scrivere il ritmo giusto dell'andare. È un mantra che rende il racconto più musicale, dunque ascoltabile. Tutto questo ho sentito nella nostra trasferta sulla Diagonale del Sudest.

Teoricamente, un viaggio lento dovrebbe dilatare il territorio e rendercelo più lontano. Falso. È il trasporto veloce che svuota il viaggio di senso e, non facendoci vedere nulla, rende lontani i luoghi vicini. Alla fine, cento noiosi chilometri in automobile risultano più lunghi della stessa distanza percorsa in bicicletta o a piedi. Il nostro andare in bici era invece come l'andare del cursore sul display, era un mouse perfettamente conscio delle misure della mappa che fissava ogni dettaglio nella memoria. Per questo, al nostro arrivo a Istanbul, abbiamo avuto la sensazione che l'Europa fosse più piccola, anziché più grande.

Ma non basta. In teoria, faticando rasoterra, dovresti vedere solo dettagli minimali e perdere il senso delle cose grandi. Falso anche questo. Nel nostro andare, il senso del contesto e del paesaggio aumentava. Intanto, il desiderio della meta aveva fatto crescere le cupole dorate di Bisanzio a un punto tale che avevano invaso tutto l'orizzonte. Si può quasi dire che incombessero sui nostri pensieri già al primo centimetro di viaggio.

Questi due effetti abbinati – lentezza e fatica – creano una straordinaria illusione ottica, o forse un giusto ribaltamento delle distanze. Se la meta è un atto di fede, allora già al primo, liberatorio colpo di pedali, il desiderio di arrivare rende la meta vicinissima e la partenza lontanissima. È la dimensione metaforica dell'andare che sostituisce quella chilometrica. Il viaggio diventa passaggio sublime, come nel proverbio turco che dice: "L'uomo giusto raggiungerà l'Altrove – o l'Aldilà – perché è il solo capace a camminare sul ponte che Dio gli mette davanti". Non è un ponte qualunque: è sottile come un capello e affilato come una spada. Ebbene, quel filo – che ho visto per la prima volta sulla fantastica parabola del ponte di Mostar – ci legava saldamente a Istanbul già sulle foreste slovene.

Nel momento stesso in cui, davanti a noi, quel ponte

invisibile si delineava, adagiandosi come un filo oltre l'aorta del Danubio e il femore obliquo dei Balcani, dietro a noi ogni legame si rompeva e un'altra metafora cresceva offrendo al viaggio il suo senso più completo: quella dei ponti tagliati. L'atto liturgico di minimizzare il nostro carico e appenderlo in bilico sull'affusto ne era la raffigurazione perfetta. Improvvisamente la domanda "da dove vieni", l'ansia etnica, le ossa degli antenati diventavano cose insensate, inutili. Che importavano le radici? Eravamo apolidi in fuga, clandestini. Da quel momento contava una sola cosa: il "dove vai".

A Oriente anche un'auto in panne diventa spettacolo e occasione per giocare col tempo. Oggi, sulla strada dell'Indo, c'è un camion col semiasse rotto e attorno a quel camion subito si è radunato un capannello di gente. Si discute, si aspetta, si accende il fuoco per il tè. Nessuno ha fretta, i vecchi fumano, i bambini sbucano dal nulla e stanno a guardare. In pochi metri intercetto ombre che mangiano, pregano, comprano, vendono, contemplano, defecano, dormono, si lavano, raccontano. È come se lo spazio fosse compartimentato secondo un ordine segreto.

Due asini litigano a morsi, ma dura un attimo. Poi, sulla notte ricade un mormorio sommesso. Nessuno grida. E tutti – uomini, bambini e animali – sembrano aspettare qualcosa che non arriva. Mosche, cani esausti, vacche assopite sul bordo della strada, vecchi immobili come lucertole dietro i chioschi di frutta e i banchetti di testicoli di caprone, rognoni di pollo e cuori d'agnello. L'Oriente è questo: presagio, attesa. Non è un luogo del mappamondo. È uno stato dell'anima, una cosa che ti cresce dentro con l'andare.

Nel nostro viaggio attraverso i Balcani, l'andatura carovaniera ci ha immersi in un presente continuo, ci ha fatto entrare nell'eterno gerundio del tempo. Abbiamo visto che, usata con lentezza, la bici diventa cammello, prende quel suo ritmo oscillante e implacabile da metronomo. Ti deposita sulla corrente di un fiume, come una zattera da cui guardare le rive che vanno. Ti trasforma in un battelliere che, dopo un solo giorno, è come se fosse in viaggio da sempre, e dopo un mese sente di avere appena mollato gli ormeggi.

Ecco perché, all'arrivo del nostro viaggio a Istanbul, l'orgoglio della performance ci è apparso insensato, ridicolo. Ed ecco perché ci ha colto, invece, un'altra meraviglia, inattesa: lo stupore di non poter ripartire. Lungo la strada il nomadismo aveva ridicolizzato ogni altra interpretazione del tempo ed era diventato la sola condizione esistenziale concepibile. Così l'idea di fermarsi una volta per tutte – anziché un sollievo – era diventata un trauma.

L'andare come racconto, simbolo, superstizione, scaramanzia. Oggi ritrovo tutto questo nei camion pakistani parcheggiati sotto le stelle. Non sono mezzi di trasporto. Sono solo un pretesto fantastico per dire che la vita stessa è un viaggio. Sono atti di fede. Non hanno frizione, mancano di servosterzo o di freni decenti, ma abbondano di tutto quello che un occidentale definirebbe superfluo. Chincaglierie, affreschi, luminarie, amuleti, tavolozze, fazzoletti, fiori, intarsi, bandiere, rostri, festoni, absidi, pagode, ghirlande di gelsomino.

Una sera, sui monti della Bulgaria, con Venere che brillava in un cielo umido color malva, mi è capitato di pensare che solo il nomade vive in pace col sole e le sorgenti, dunque capisce Dio, l'Essenza. Oppure che cristianesimo, ebraismo e Islam sono monoteismi nati dalla purezza dello stesso spazio nomade, il vicino Oriente appunto. E che tutti rischiano di finire rovinati proprio dai sedentari, dalle loro gerarchie totalitarie, i loro muri, le loro ossessive compartimentazioni dello spazio e quelle stupide torri di Babele.

Indice

ISABEL LOSADA
VOGLIO VIVERE COSÌ
Una donna alla ricerca dell'illuminazione

Tutti i modi possibili per provare (e trovare) un nuovo equilibrio interiore. Una storia in prima persona vitale, ironica, appassionata.

MANUEL VÁZQUEZ MONTALBÁN
HO AMMAZZATO J.F. KENNEDY

Episodio numero uno. La nascita di Pepe Carvalho.

ALBERTO ARBASINO
RAP!

Un libro veramente politico. Un libro veramente libero. Un Super-Arbasino.

GABY HAUPTMANN
DI AMANTI NON CE N'È MAI ABBASTANZA

Eros nero. Eros giallo. Eros rosa.

KAREN KARBO
GENERAZIONE EX
Storie di donne felicemente divorziate

La vita alle prese con ex mariti, ex mogli, ex ex, figli degli ex, ex suoceri.

LUCA "ZULÙ" PERSICO
CARTOLINE ZAPATISTE
In viaggio con Marcos e con la 99 Posse
Cura di E. "Gomma" Guarneri

On the road da San Cristóbal de las Casas a Città del Messico col subcomandante e gli indios.

ALBERTO ARBASINO
RAP 2

La poesia civile. La Musa con il muso. Ancora a ritmo di rap.

DANIELE LUTTAZZI
BENVENUTI IN ITALIA
Le opinioni espresse dal Capo del Governo non rispecchiano necessariamente quelle degli abitanti

Politica e eros: un connubio satirico.